LITERATURA HISPÁNICA
DE
FÁCIL LECTURA

El ingenioso hidalgo don Quijote de la Mancha

1

MIGUEL DE CERVANTES SAAVEDRA

Texto adaptado por
Begoña Rodríguez Rodríguez

Adaptación supervisada por
«Grupo UAM-Fácil Lectura»

Colección *Literatura hispánica de fácil lectura*

Dirección:
Alberto Anula

Consejo Editor:
Mercedes Belinchón Carmona
Marina Fernández Lagunilla
Teodosio Fernández Rodríguez
José Portolés Lázaro
Almudena Revilla Guijarro
Florencio Sevilla Arroyo

Sexta edición, 2016

Produce:
SGEL – Educación
Avda. Valdelaparra, 29
28108 Alcobendas (MADRID)

Diseño de colección y maquetación:
Alexandre Lourdel
Ilustraciones:
José Luis Navarro

ISBN: 978-84-9778-326-2
Depósito legal: M-39788-2011

Printed in Spain – Impreso en España

Imprime Service Point S. A.

Características de la colección

Los *Textos de la literatura hispánica de fácil lectura* de SGEL y el Grupo UAM-Fácil Lectura (GUAMFL) tratan de hacer accesibles las obras más importantes de la literatura hispánica a los estudiantes de español como lengua extranjera o segunda lengua. La adaptación de los textos se ajusta a las capacidades de comprensión lectora señaladas en los niveles de referencia propuestos en el *Marco Común Europeo de Referencia para las Lenguas* y en el *Plan Curricular del Instituto Cervantes* (PCIC). Además, ha sido realizada de acuerdo con los criterios de facilitación de la lectura y la comprensión lectora desarrollados por el GUAMFL.

Los textos se distribuyen en tres niveles y las adaptaciones se ajustan a las características descritas en la tabla de la página siguiente.

La adaptación de las obras respeta el estilo del autor, el argumento de la obra y la interpretación textual de la crítica contemporánea. Las circunstancias propias de cada adaptación, cuando existen, se recogen en el apartado «Criterios de adaptación de esta obra». La ortografía se ha modernizado siempre.

Cada obra contiene notas léxicas, fraseológicas y de índole cultural, además de un glosario con las palabras de frecuencia moderada traducidas a distintos idiomas. Las palabras o las expresiones de frecuencia baja aparecen siempre anotadas a pie de página. Contiene también una serie amplia y diversa de actividades de comprensión lectora (con su apartado de soluciones correspondientes) y un CD de audio con el texto de la obra para potenciar la

NIVEL	LÉXICO	GRAMÁTICA Y DISCURSO
INICIAL	500-1200 palabras léxicas diferentes de muy alta o alta frecuencia de uso (un 10% del léxico puede ser de frecuencia notable, moderada y baja).	Nivel A2 del PCIC. Se utiliza preferentemente el orden oracional sujeto-verbo-objeto y se limita la cantidad y complejidad de las estructuras subordinadas. La media de la longitud oracional no excede de 15 palabras.
INTERMEDIO	1200-2000 palabras léxicas diferentes de frecuencia muy alta, alta y notable (un 10% del léxico puede ser de frecuencia moderada y baja).	Nivel B1 del PCIC. Se limita la complejidad de las estructuras subordinadas. La media de la longitud oracional no excede de las 20 palabras.
AVANZADO	2000-3000 palabras léxicas diferentes de frecuencia muy alta, alta, notable y moderada (un 10% del léxico puede ser de frecuencia baja).	Nivel B2 del PCIC (aunque se permiten algunas construcciones sintácticas y estrategias pragmáticas del nivel C1). La adaptación es fiel al texto original y se limita a actualizar la sintaxis. La media de la longitud oracional puede exceder de las 20 palabras.

NOTA El nivel de frecuencia de las palabras se ha establecido a partir del indicador de frecuencia de uso que tienen las voces en el *Diccionario de Uso del Español Actual* (SGEL) y de la frecuencia de uso que alcanzan las palabras en el Corpus CREA de la Real Academia Española, una vez aplicados los cálculos estadísticos necesarios para establecer las equivalencias entre ambas fuentes.

comprensión auditiva. El libro se completa con una breve presentación del autor y la obra, y una serie de propuestas encaminadas a profundizar en el conocimiento de la obra adaptada.

El texto de la obra presenta los siguientes signos diacríticos:

* Señala una palabra o expresión recogida en el Glosario.

◀ Seguido de un número, señala el número de pista del CD.

El autor

Miguel de Cervantes Saavedra es el mejor novelista universal de todos los tiempos. Así lo han reconocido escritores como Dostoyevski, Flaubert, Borges y otros muchos. De hecho, el *Quijote* ha traspasado fronteras geográficas, culturales y lingüísticas para convertirse en la mayor aportación española a la cultura occidental.

Nació en 1547 y murió en 1616. Vivió, por tanto, la decadencia del Imperio Hispano (Carlos V, Felipe II y Felipe III), el esplendor cultural de los Siglos de Oro (Renacimiento, Manierismo y Barroco) y la grandeza literaria de nuestros mejores clásicos (Lope de Vega, Góngora, Quevedo…).

Su biografía está presidida por la adversidad y el fracaso. La pobreza familiar, los problemas matrimoniales, el fracaso militar (heridas en Lepanto y cautiverio en Argel), varios encarcelamientos como recaudador y el menosprecio literario de sus contemporáneos son algunas de las desgracias que padeció. Tan sólo el *Quijote* aporta algún logro entre tanta adversidad. Fue suficiente, en todo caso, para consagrarlo como «El Manco de Lepanto».

La obra

Cervantes cultivó los tres grandes géneros literarios —poesía, teatro y novela— con el mismo empeño y continuidad. Sin embargo, sólo consiguió imponerse como novelista.

Como poeta logró algún soneto magistral («Voto a Dios...») y un largo poema alegórico (*Viaje del Parnaso*). Como dramaturgo, intentó en vano competir con Lope de Vega en sus *Ocho comedias*, pero sólo obtuvo el rechazo del público. Sin embargo, en la obra teatral destacan sus *Ocho entremeses* (piezas dramáticas breves). Como novelista, tanteó diferentes géneros (*Galatea*, *Ejemplares* y *Persiles*) y, finalmente, consiguió imponer su maestría narrativa. *La Gitanilla*, *Rinconete y Cortadillo*... y, por supuesto, el *Quijote*, entre otras, cuentan como obras de arte de la literatura universal.

El Quijote

El *Quijote* es la novela cumbre de la literatura universal. Para Cervantes supuso todo un desafío creativo decididamente experimental. Comenzó como una novelita breve, pero en seguida fue creciendo, al margen de toda previsión, para desembocar en las dos partes del *Quijote*: *El ingenioso hidalgo don Quijote de la Mancha* (1605) y *Segunda parte del ingenioso caballero don Quijote de la Mancha* (1615).

Esta obra, considerada la primera novela moderna, constituye toda una enciclopedia de las principales tendencias novelescas de su tiempo (caballeresca, pastoril, picaresca, cortesana, morisca, etc.), así como un repertorio deslumbrante de las diferentes modalidades del discurso áureo. Todo ello, como es sabido, está presidido por la ridícula historia de un pobre hidalgo manchego enloquecido por las lecturas caballerescas.

Entre burlas y veras, Cervantes logra trascender la farsa y la broma para apostar por los grandes valores humanos universales:

el idealismo, el amor, la libertad... alimentan siempre las locuras de don Quijote y de Sancho Panza. La clave de tan magistral logro consiste en la unión perfecta de historia y poesía, en la fusión inseparable de realidad y fantasía, y en la identidad de vida y literatura. Ninguna otra fórmula habría generado la novela moderna.

El *Quijote* narra la historia de un viejo hidalgo manchego, enloquecido por las continuadas lecturas caballerescas, que decide convertirse en caballero andante, con el nombre de *don Quijote de la Mancha*. Junto a su escudero Sancho Panza sale varias veces de su aldea en busca de aventuras —auténticos disparates siempre— hasta que, desengañado y agotado, regresa a su aldea, enferma y recobra el juicio.

En la primera parte de la novela están recogidas las dos primeras salidas de don Quijote, a lo largo de las cuales tendrá que enfrentarse a molinos de viento, rebaños, batanes, galeotes o cueros de vino, hasta que regresa a su aldea por la intervención de sus amigos. La segunda parte comprende la tercera, y última, salida de don Quijote y Sancho, que está presidida por la estancia con los duques y las burlas que éstos hacen a los dos protagonistas (Dulcinea encantada, dueña Dolorida, gobierno de Sancho). La derrota final de don Quijote en Barcelona le obligará a volver a su aldea y dejar las armas durante un año.

Adaptación

La adaptación de la obra ha seguido fielmente el orden de los capítulos y episodios del original. No obstante, para cumplir con los límites de la colección, se han eliminado las historias intercaladas y se han reducido algunos pasajes. El texto resultante recoge, por tanto, las aventuras en las que don Quijote y Sancho participan activamente. También se ha procurado mantener aquellos pasajes que caracterizan a los personajes: diálogos, usos léxicos particulares, etc.

EL INGENIOSO HIDALGO

DON QUIJOTE DE LA MANCHA

PRÓLOGO

Querido lector: me gustaría que este libro fuera el más hermoso e interesante que puedas imaginar. Pero, ¿qué podrá producir mi pobre ingenio* sino la historia de un hijo seco y lleno de locos pensamientos? Yo, aunque parezco padre, soy padrastro[1] de *Don Quijote* y no quiero, querido lector, que perdones sus errores. Así que puedes decir de la historia todo lo que quieras.

Quería darte la historia sin adornos ni prólogo, pues me ha sido más difícil escribir el prólogo que la historia. Muchas veces cogí la pluma para escribirlo y muchas la dejé. Un día, mientras pensaba en él, un amigo mío me preguntó qué me pasaba. Yo le dije:

—No sé cómo escribir una leyenda* sin erudición* ni notas en los márgenes como tienen otros libros. Será mejor que don Quijote se quede enterrado en los archivos de la Mancha hasta que otro escritor lo adorne con lo que le falta.

Al oír esto, mi amigo se echó a reír y me dijo:

---

[1] *Padrastro:* marido de la madre de una persona, que no es su verdadero padre. En este caso, Cervantes quiere decir que él es el padrastro de la novela (no de don Quijote).

—No necesitáis notas ni sentencias de filósofos o poetas en este libro. Haced que vuestra historia haga reír al melancólico[2] y no enfade al simple. Que el discreto admire la invención, el grave no la desprecie y el prudente la elogie.

Escuché en silencio lo que mi amigo decía. Luego, aprobé sus razones e hice este prólogo. Así, lector, encontrarás la sincera y sencilla historia del famoso, enamorado y valiente don Quijote de la Mancha. No me agradezcas el presentarte este personaje. Agradéceme, en cambio, que te muestre al famoso Sancho Panza, su escudero,[3] que tiene todas las gracias escuderiles[4] de los libros de caballerías.[5]

Y con esto, Dios te dé salud y a mí no me olvide.

Vale.[6]

---

2 *Melancólico:* triste.

3 *Escudero:* mozo de compañía al servicio de un señor.

4 *Escuderiles:* relativas a los escuderos.

5 *Libros de caballerías:* libros que narran las hazañas fantásticas de los caballeros andantes.

6 *Vale:* adiós.

CAPÍTULO I

Don Quijote de la Mancha

1 En un lugar[7] de la Mancha, de cuyo nombre no quiero acordarme, no hace mucho tiempo vivía un hidalgo.[8] Vivían con él su sobrina y una criada. Nuestro hidalgo solía comer cocido[9] con carne de vaca, carne picada por las noches, huevos con torreznos[10] los sábados, lentejas[11] los viernes y algún palomino[12] los domingos. Tenía unos cincuenta años y se llamaba Alonso Quijano. Era muy delgado, madrugaba mucho y era aficionado a la caza. Sus bienes eran más bien escasos. Don Alonso leía libros de caballerías continuamente. Le gustaban tanto que olvidó la caza y la administración de sus bienes. Vendió muchas tierras para comprar libros de caballerías. Pasaba las noches y los días leyendo sin parar. Así, del poco dormir y mucho leer, se le secó el cerebro y se volvió loco.

---

7 *Lugar:* pueblo pequeño, aldea.

8 *Hidalgo:* persona que descendía de una familia noble venida a menos.

9 *Cocido:* plato típico español (es muy famoso el madrileño) compuesto por sopa, garbanzos, carne, etc.

10 *Torreznos:* trozos de tocino frito.

11 *Lentejas:* semillas de color marrón oscuro que se suelen comer guisadas.

12 *Palomino:* crías de la paloma silvestre.

Su imaginación se llenó de todas las historias fantásticas* que leía. Creía que era verdad todo lo que contaban los libros. Pensaba que los Belianís, Amadís, Palmerín[13] y demás caballeros existieron realmente.

Un día don Alonso tuvo la más extraña idea del mundo. Quiso ser caballero andante[14] y actuar como los héroes de sus libros. Así que decidió salir a buscar aventuras y deshacer injusticias.*

Primero limpió una vieja armadura[15] de sus bisabuelos.[16] Luego fue a ver a su caballo y, aunque era viejo y flaco,[17] le pareció mejor que el mismo Babieca.[18] Pasó después cuatro días buscando un nombre para su caballo. Era necesario, pues los caballos de los caballeros andantes tenían nombres famosos. Tras pensar mucho, lo llamó Rocinante.

Después buscó un nombre para él mismo. Tardó ocho días en encontrarlo. Al final decidió llamarse don Quijote. Pero recordó que los caballeros de los libros añadían a su nombre el de su patria. Así lo hizo también don Quijote. Decidió llamarse don Quijote de la Mancha.

---

13 *Belianís, Amadís, Palmerín:* protagonistas de tres libros de caballerías muy conocidos en la época.

14 *Caballero andante:* protagonista de los libros de caballerías. Solían viajar mucho y su misión era defender a los necesitados.

15 *Armadura:* traje de metal y casco que utilizaban los caballeros para protegerse en las peleas.

16 *Bisabuelos:* padres del abuelo o abuela de una persona.

17 *Flaco:* muy delgado.

18 *Babieca:* caballo de Rodrigo Díaz de Vivar, el Cid Campeador.

Limpias sus armas, puesto nombre a su caballo y a sí mismo, pensó que necesitaba una dama. Porque los caballeros andantes sin amores son como árboles sin hojas. De repente, recordó que en un pueblo cercano vivía una labradora[19] de muy buen parecer.[20] Don Quijote estuvo enamorado de ella sin que la labradora lo supiera. Se llamaba Aldonza Lorenzo. Don Quijote decidió que ella sería su dama. Entonces le buscó un nombre de princesa* y gran señora y la llamó Dulcinea del Toboso.[21]

---

[19] *Labradora:* persona que trabaja en el campo sembrando o recogiendo trigo, patatas y otros productos.

[20] *De buen parecer:* de buen aspecto, atractiva.

[21] *Toboso:* pueblo de Toledo (provincia de España).

CAPÍTULO II

Primera salida de don Quijote

◀2 Acabados los preparativos,[22] don Quijote no quiso esperar más. Él creía que el mundo lo necesitaba, pues había muchas injusticias que corregir. De esta forma, una mañana del mes de julio, cogió sus armas, se subió sobre Rocinante y salió al campo por la puerta del corral.[23] No avisó a nadie de su intención y nadie lo vio irse.

Mientras andaba, recordó que no había sido armado caballero.[24] Según la ley de caballería, no podía luchar contra nadie hasta que no fuera nombrado y armado caballero. Estuvo a punto de abandonar su propósito, pero pudo más su locura y siguió adelante. Decidió que el primer caballero que encontrase le nombraría a él caballero, como a menudo ocurría en los libros de caballerías. Con esto se tranquilizó y siguió su camino.

Mientras caminaba, decía:

---

[22] *Preparativos:* previsiones; cosas o actos que sirven para preparar algo.

[23] *Corral:* patio cerrado y descubierto donde se guardan animales.

[24] *No había sido armado caballero:* no pertenecía a la orden de caballería y, por tanto, no podía luchar con otros caballeros.

—Dichoso siglo en el que saldrán a la luz[25] mis famosas hazañas.[26] ¡Oh tú, sabio encantador,[27] no olvides a mi buen Rocinante cuando escribas mi historia!

Luego exclamaba, como si verdaderamente estuviera enamorado:

—¡Oh princesa Dulcinea, señora de este cautivo* corazón!

Y así decía tantos disparates[28] como los que leía en los libros de caballerías.

Caminaba muy despacio y hacía mucho calor. No le ocurrió nada en todo el día y don Quijote se desesperaba por no encontrar aventuras.

Al atardecer* don Quijote y su caballo estaban ya muy cansados y muertos de hambre. Entonces vio una venta[29] cerca del camino. Se dieron prisa y llegaron a la venta cuando anochecía.[30]

En la puerta de la venta había dos mozas extraviadas.[31] Don Quijote creyó que la venta era un castillo y que las mozas eran dos hermosas doncellas.[32] Éstas, cuando lo vieron vestido de aquella

---

[25] *Saldrán a la luz:* aparecerán, se conocerán, se harán públicas.

[26] *Hazañas:* acciones difíciles o peligrosas que necesitan mucho valor.

[27] *Encantador:* que hace encantamientos. Hechicero, mago.

[28] *Disparates:* cosas absurdas que se hacen o dicen por error, ignorancia o locura.

[29] *Venta:* posada que estaba cerca de un camino.

[30] *Anochecía:* comenzaba a hacerse de noche.

[31] *Mozas extraviadas:* mujeres que cobran dinero por tener relaciones sexuales; prostitutas. Se utiliza la palabra 'extraviadas' porque llevan una vida inmoral, alejada del camino recto.

[32] *Doncellas:* mujeres jóvenes y vírgenes.

manera y con la lanza* y el escudo,* se asustaron e intentaron esconderse. Pero don Quijote les dijo:

—No huyáis ni temáis nada, señoras.

Cuando oyeron que don Quijote las llamaba *señoras*, se echaron a reír. Don Quijote se avergonzó y les dijo:

—La risa que no tiene una causa importante es una tontería.

El lenguaje y la mala figura de don Quijote les hacía reír mucho más. Don Quijote estaba cada vez más enfadado.[33] Entonces salió el ventero.[34] Era un hombre muy gordo y tranquilo. Al ver la figura del hidalgo, estuvo a punto de acompañar a las mozas en las risas. Sin embargo, decidió hablarle con moderación, y le dijo:

—Señor caballero, en esta venta hay de todo, menos camas.

Don Quijote respondió:

—Señor castellano,[35] cualquier cosa es suficiente para mí porque *mis arreos*[36] *son las armas, mi descanso el pelear*.

El ventero, sorprendido porque le llamaba *castellano*, siendo él andaluz, le respondió:

—Entonces puede bajar del caballo.

---

33 *Enfadado:* molesto por lo que alguien ha hecho o dicho.

34 *Ventero:* dueño de una venta.

35 *Castellano:* dueño o señor de un castillo.

36 *Arreos:* conjunto de cosas que pertenecen a una persona y que suele llevar encima habitualmente o cuando viaja; adornos.

El ventero le ayudó a apearse.[37] Don Quijote le dijo que cuidase a su caballo porque era el mejor del mundo.

El ventero lo miró y no le pareció tan buen caballo. Luego llevó a Rocinante a la cuadra mientras las doncellas intentaban desarmar[38] a don Quijote. Consiguieron retirarle la armadura, pero no pudieron quitarle el casco* de la cabeza, y con él puesto quedó toda la noche.

Don Quijote creía que le desarmaban unas damas importantes de aquel castillo. Así que les recitó unos versos caballerescos:

—«Nunca fuera caballero
de damas tan bien servido
como fuera don Quijote
cuando de su aldea* vino:
doncellas cuidaban de él;
princesas, de su rocino[39]»,

o «Rocinante», que éste es el nombre, señoras mías, de mi caballo, y «don Quijote de la Mancha» el mío.

Sirvieron la mesa en la puerta de la venta. La comida era bacalao[40] cocido y un pan tan negro y sucio como sus armas. Pero como tenía el casco puesto, no podía comer ni beber. Tuvieron que darle la comida por la abertura del casco y le dieron de beber con una caña.[41]

---

[37] *Apearse:* bajar de un caballo o similar.
[38] *Desarmar:* quitar las armas.
[39] *Rocino:* caballo viejo, débil y enfermo.
[40] *Bacalao:* pescado blanco bajo en grasa y que se puede comer de muchas formas (salado, ahumado, fresco…).
[41] *Caña:* tubo muy fino que sirve para beber líquidos.

En ese momento, llegó a la venta un castrador[42] de cerdos. Tocó su silbato[43] cuatro o cinco veces. Así don Quijote confirmó que estaba en un famoso castillo. Imaginó que le servían con música, que el pan era blanco, que las mozas eran damas y que el ventero era el señor del castillo. Pero lo que más le preocupaba era no ser armado caballero, pues mientras tanto no podía acometer aventuras.

---

[42] *Castrador:* persona que corta los genitales a un animal.
[43] *Silbato:* instrumento pequeño que produce un sonido parecido a un silbido.

CAPÍTULO III

Don Quijote es armado caballero

◀3 Don Quijote acabó rápido la cena y llamó al ventero. Se encerró con él en la cuadra y de rodillas le dijo:

—No me levantaré nunca de donde estoy, valiente caballero, hasta que me haga un favor.

El ventero trataba de levantar a don Quijote, pero no podía. Por tanto, le dijo que le haría el favor.

—No esperaba menos de vuestra generosidad* —respondió don Quijote—. Os pido que mañana me arméis caballero. Esta noche velaré mis armas[44] en la capilla* de vuestro castillo.

El ventero comprendió que don Quijote estaba loco. Así que, para divertirse esa noche, le siguió la corriente[45] y le preguntó si traía dinero.

Don Quijote respondió que no. Nunca leyó que los caballeros andantes llevaran dinero. El ventero le dijo que se engañaba. No se decía en los libros porque era evidente. Todos los caballeros andantes

---

[44] *Velaré mis armas:* pasará la noche sin dormir vigilando sus armas.

[45] *Siguió la corriente:* dio la razón.

llevaban dinero. También llevaban camisas y ungüentos[46] para curar heridas. Por eso le aconsejó que siempre llevara con él esas cosas.

Don Quijote prometió seguir el consejo del ventero. Luego comenzó a velar sus armas en el patio* de la venta porque no había capilla. Dejó las armas en una pila[47] al lado de un pozo* y comenzó a pasear delante de la pila.

Un arriero[48] que estaba en la venta quiso dar agua a sus animales y fue a quitar las armas de don Quijote del pozo. Cuando don Quijote lo vio, gritó:

—¡Oh tú, atrevido* caballero, que vas a tocar las armas del más valiente caballero! No las toques si no quieres morir.

El arriero no hizo caso y tiró las armas al suelo. Al verlo, don Quijote miró al cielo y como si hablara con su señora Dulcinea, dijo:

—¡Ayudadme, señora mía, en esta primera ofensa[49] que se me hace!

Dicho esto, cogió la lanza con las dos manos y golpeó al arriero en la cabeza. Después recogió sus armas y volvió a pasear como si tal cosa.[50]

---

[46] *Ungüentos:* sustancias líquidas, cremas o pastas que se untan en una herida para curarla o aliviar el dolor.

[47] *Pila:* pieza grande de piedra donde se echa agua para diversos usos.

[48] *Arriero:* persona que transporta mercancías utilizando animales de carga.

[49] *Ofensa:* algo que ha dicho o hecho alguien contra una persona y que es una humillación o un desprecio.

[50] *Como si tal cosa:* como si no hubiera pasado nada.

Al rato, llegó otro arriero a dar agua a sus mulas.* Se acercó a la pila para quitar las armas. Entonces, sin decir nada, don Quijote le golpeó con la lanza en la cabeza y le hirió. Toda la gente de la venta salió para ver lo que pasaba. Al verlos, don Quijote cogió su espada* y dijo:

—¡Oh señora de la hermosura!* Mira la gran aventura que espera a tu cautivo caballero.

Los compañeros de los arrieros empezaron a tirar piedras al hidalgo. El ventero gritaba que lo dejasen, porque estaba loco. Don Quijote los insultaba y los amenazaba:

—¡Gente baja y soez,[51] tirad y ofendedme cuanto queráis! Veréis el pago por vuestro agravio.[52]

Decía esto con tanta fuerza que se asustaron y dejaron de tirarle piedras. Así el hidalgo siguió velando sus armas.

Al día siguiente, el ventero se acercó a don Quijote con un libro de cuentas. Iba acompañado de un muchacho y de las dos mozas. El ventero pidió a don Quijote que se arrodillase.[53] Mientras fingía decir una oración,* dio dos golpes a don Quijote con la espada. Luego ordenó a una de las damas que le ciñese* la espada, lo que hizo con mucha discreción sin reírse. Al ponerle la espada, la moza dijo:

—Dios le haga muy dichoso caballero.

Don Quijote le preguntó cómo se llamaba.

---

[51] *Soez:* grosero, de mal gusto.

[52] *Agravio:* daño o perjuicio.

[53] *Arrodillase:* doblase las piernas y pusiese las rodillas en el suelo.

—Me llamo la Tolosa y soy de Toledo.[54] A partir de ahora le serviré y le tendré por señor.

El hidalgo le dijo que en adelante se llamaría doña Tolosa. Luego, don Quijote le preguntó el nombre a la otra moza. Se llamaba la Molinera y era de Antequera.[55] Don Quijote le ofreció sus servicios y le dio el nombre de doña Molinera.

Terminada la ceremonia,* don Quijote ensilló[56] a Rocinante, subió en él, agradeció al ventero el favor que le había hecho al armarle caballero y se despidió.

---

54 *Toledo:* ciudad española situada en Castilla-La Mancha, muy importante en la época.

55 *Antequera:* pueblo de Málaga (provincia de España).

56 *Ensilló:* puso la silla de montar sobre un animal.

CAPÍTULO IV

Aventura de Andrés

Don Quijote salió de la venta muy contento porque ya era caballero. Pero recordó los consejos del ventero y decidió volver a casa para coger dinero y camisas. Además, necesitaba un escudero y pensó recurrir* a un labrador vecino suyo. Con este pensamiento, guió a Rocinante hacia su aldea.

No había andado mucho, cuando oyó unas voces que procedían de un bosque cercano. Alguien se quejaba. Encaminó a Rocinante hacia las voces diciendo:

—Gracias doy al cielo por darme ocasión de cumplir con mi profesión de caballero. Alguien necesita mi ayuda.

Entonces vio a un muchacho atado a un árbol. Tenía unos quince años. El muchacho gritaba porque un labrador le azotaba[57] mientras le decía:

—La lengua callada y los ojos listos.

El muchacho respondía:

---

57 *Azotaba:* golpeaba con un objeto.

—No lo haré más. Prometo tener más cuidado con el rebaño.[58]

Al ver lo que pasaba, don Quijote dijo enfadado:

—Descortés[59] caballero, pegáis a quien no puede defenderse. Subid a vuestro caballo y pelead conmigo. Yo os haré entender que es de cobardes[60] lo que hacéis.

Al ver el labrador a aquel hombre con la lanza arrimada a su rostro, creyó que iba a morir y con buenas palabras respondió:

—Señor caballero, este muchacho es mi criado. Cuida de mis ovejas.* Pero es muy descuidado[61] y cada día pierde una, aunque él dice que es por no pagarle el sueldo.*

—¿Miente el muchacho delante de mí? —dijo don Quijote—. Por el sol que nos alumbra*, que estoy por atravesaros con mi lanza. Pagadle lo que le debéis y desatadlo ahora mismo.

El labrador bajó la cabeza y, sin responder palabra, desató a su criado. Don Quijote preguntó al muchacho cuánto le debía su señor. Él dijo que 9 meses, a 7 reales[62] cada mes. Don Quijote hizo la cuenta y calculó 73 reales. Entonces le dijo al labrador que se los pagase si no quería morir allí mismo.

—Señor caballero —dijo el labrador—, aquí no tengo dinero. Andrés, ven a mi casa y te pagaré.

---

58 *Rebaño:* conjunto de animales, principalmente ovejas, cabras, etc.

59 *Descortés:* que tiene poca educación o respeto.

60 *Cobardes:* que no tienen valor para enfrentarse a alguien o a algo.

61 *Descuidado:* que tiene poco cuidado y pone poco interés en lo que hace.

62 *Reales:* moneda antigua de poco valor.

—¿Irme yo con él? —dijo el muchacho—. Ni hablar, que me arrancará la piel cuando estemos solos.

—No hará eso porque yo se lo mando —dijo don Quijote—. Júremelo por la ley de caballería que ha recibido y le dejaré ir libre.

—Señor —dijo el muchacho—, mi señor no es caballero ni ha recibido orden de caballería. Su nombre es Juan Haldudo el rico, vecino del Quintanar.[63]

—Eso no importa —respondió don Quijote—, porque los Haldudos también pueden ser caballeros. Además, cada uno es hijo de sus obras.[64]

—Eso es verdad —dijo Andrés—, pero mi señor, ¿de qué obras es hijo si me niega mi dinero?

—No niego, Andrés —respondió el labrador—. Ven conmigo, que te juro por todas las órdenes de caballería que te pagaré.

—Cumplid lo que habéis jurado —dijo don Quijote—. Si no le pagáis, volveré a buscaros y os castigaré. Y si queréis saber quién os manda esto, sabed que soy el valiente don Quijote de la Mancha.

Y dicho esto, don Quijote se alejó de ellos montado sobre Rocinante. El labrador quedó mirando cómo se alejaba. Cuando se perdió en el bosque, se volvió a su criado Andrés y le dijo:

—Ven acá, hijo mío, que os quiero pagar lo que os debo.

---

63 *Quintanar:* pueblo de Toledo (provincia de España).

64 *Cada uno es hijo de sus obras:* cada uno se hace a sí mismo por sus actos.

Y así, lo cogió del brazo, lo ató de nuevo a la encina[65] y le dio tantos azotes que le dejó casi muerto.

Mientras, don Quijote caminaba hacia su aldea. Iba contento por lo sucedido y se decía a media voz:[66]

—¡Oh dichosa Dulcinea del Toboso! ¡Bella entre las bellas! ¡Qué suerte que tienes a tan valiente y famoso caballero como yo para servirte! Ayer recibí la orden de caballería, y hoy he deshecho el mayor agravio que formó la sinrazón[67] y cometió la crueldad.*

65 *Encina:* árbol cuyo fruto es la bellota.

66 *A media voz:* decir algo ni muy alto, ni muy bajo.

67 *Sinrazón:* injusticia.

CAPÍTULO V

Aventura de los mercaderes[68]

◀4 De camino a su aldea, don Quijote se encontró con un grupo de gente. Eran mercaderes de Toledo. Iban a Murcia[69] a comprar seda.*

En cuanto los vio, don Quijote imaginó una nueva aventura y les dijo:

—Deteneos todos y confesad que no hay en el mundo doncella más hermosa que la emperatriz[70] de la Mancha, Dulcinea del Toboso.

Los mercaderes se pararon y miraron a don Quijote. Por su figura y por sus palabras, descubrieron que estaba loco.

Uno de ellos le dijo:

—Señor caballero, nosotros no conocemos a esa señora. Si nos la muestra y es tan hermosa como decís, lo confesaremos.

---

[68] *Mercaderes:* personas que compran y venden productos.

[69] *Murcia:* ciudad y región española situada al sureste de la península ibérica.

[70] *Emperatriz:* mujer del emperador. Reina o soberana de un imperio.

—Si os la mostrara, ¿qué mérito* tendría confesar una verdad tan evidente? —dijo don Quijote—. Lo importante es creerlo y confesarlo sin verla. Si no lo hacéis, tendréis que pelear conmigo.

—Señor caballero —replicó* el mercader—, le suplico que nos muestre un retrato de esa señora. Y aunque sea tuerta,[71] diremos que es la más hermosa del mundo.

—Canalla[72] —respondió don Quijote muy enfadado—, Dulcinea no es tuerta. Pagaréis por esta mentira.

Dicho esto, don Quijote quiso golpear con la lanza al que habló. Pero Rocinante tropezó* y cayó al suelo. El caballero rodó por el campo. Quiso levantarse, pero no pudo, pues la armadura le pesaba demasiado. Desde el suelo gritaba:

—No huyáis, gente cobarde, que por culpa de mi caballo estoy aquí tendido.

Luego, un mozo[73] de los mercaderes se acercó a don Quijote. Cogió la lanza del suelo, la rompió y con un pedazo* le molió las costillas[74] a golpes.

Cuando el mozo se cansó de darle palos, los mercaderes siguieron su camino.

---

[71] *Tuerta:* que ha perdido un ojo o la visión de uno de ellos.
[72] *Canalla:* que se comporta de manera ruin y despreciable con los demás.
[73] *Mozo:* hombre joven.
[74] *Molió las costillas:* hizo daño en las costillas.

CAPÍTULO VI

Don Quijote vuelve a casa

◀5 Don Quijote no podía moverse y empezó a pensar en las historias de sus libros. Se acordó de aquélla del marqués de Mantua[75] y recitó sus versos:

—«¿Dónde estás, señora mía,
que no te duele mi mal?
O no lo sabes, señora,
o eres falsa y desleal.»*

Entonces, quiso la suerte que pasara por allí un labrador vecino de Alonso Quijano. Al ver al hombre en el suelo, se acercó a él. Le quitó la visera[76] del casco y vio que era su vecino, don Alonso Quijano. Sorprendido, le preguntó:

—¿Señor Quijano, quién le ha puesto así?

---

[75] *Romance del Marqués de Mantua:* romance que cuenta la derrota en combate de Baldovinos, sobrino del marqués de Mantua, a manos de Carloto, hijo de Carlomagno.

[76] *Visera:* parte del casco que cubre la cara para protegerla durante las batallas.

Don Quijote recitaba sus versos sin reconocer a su vecino. Éste le levantó y le subió sobre su burro.[77] Luego, recogió las armas y se dirigió a su pueblo llevando de las riendas[78] a Rocinante.

Llegaron al pueblo al atardecer, pero el labrador esperó hasta la noche para entrar. No quería que nadie viera al hidalgo tan mal. A la hora que le pareció bien, entraron al pueblo y fueron derechos a casa de don Quijote. La casa estaba alborotada[79] por la ausencia del hidalgo. Estaban allí el cura y el barbero,[80] dos grandes amigos de Alonso Quijano. La criada decía a voces:

—¿Qué les parece la desgracia de mi señor? Hace tres días que no aparece. Malditos* libros de caballerías, han vuelto loco a mi señor.

—Eso digo yo también —dijo el cura—. Mañana los quemaremos.

Todo esto lo oían el labrador y don Quijote y, de esa forma, el labrador entendió la locura de su vecino. Entonces, el labrador dijo a voces:

—Abran ustedes al marqués de Mantua, que viene malherido.[81]

Al oír las voces, todos salieron y corrieron a abrazar a don Quijote, pero él dijo:

---

77 *Burro:* animal de cuatro patas, más pequeño que un caballo y con grandes orejas.

78 *Riendas:* correas o cuerdas que sirven para dirigir el movimiento de los caballos u otros animales.

79 *Alborotada:* revuelta.

80 *Barbero:* persona que corta y arregla la barba.

81 *Malherido:* herido grave.

—Deteneos, que vengo malherido por culpa de mi caballo. Llevadme a mi cama y llamad a la sabia Urganda[82] para que me cure las heridas.

Le llevaron a la cama y don Quijote les contó que estaba molido[83] por haberse caído de Rocinante, cuando luchaba con diez gigantes.

—¿Gigantes? ¡Dios mío!, quemaré los libros mañana —dijo el cura.

Preguntaron muchas cosas a don Quijote, pero no respondió a ninguna. Pidió que le diesen de comer y le dejasen dormir.

82 *Sabia Urganda:* encantadora o maga, con capacidad para transformarse, protectora de Amadís de Gaula.

83 *Molido:* malherido.

CAPÍTULO VII

Quema de los libros de don Quijote

Al día siguiente, el cura y el barbero fueron a casa de don Quijote. El cura pidió a la sobrina las llaves de la biblioteca.* Entraron allí y pidió al barbero que le diese los libros uno a uno para revisarlos. Algunos podían salvarse del fuego.

Esa noche quemaron casi todos los libros de don Quijote en el corral de la casa. Luego tapiaron[84] la puerta de la biblioteca. Así, don Quijote no la encontraría. Pensaban decirle que un encantador se llevó la habitación con los libros. El cura pensó que era el mejor remedio para la locura de su amigo.

---

84 *Tapiaron:* cerraron un hueco para impedir el paso.

CAPÍTULO VIII

Segunda salida de don Quijote

◀6 Don Quijote se levantó a los pocos días. Lo primero que hizo fue ir a ver sus libros. Como no encontraba la biblioteca, andaba de un lado a otro buscándola. Entonces le preguntó a la criada por ella.

La criada le dijo:

—¿Qué busca vuestra merced?[85] Ya no hay biblioteca ni libros en esta casa. Todo se lo llevó el diablo.[*]

—No era diablo,[*] sino un encantador que vino una noche sobre una nube —dijo la sobrina.

—Será —dijo don Quijote— el sabio Frestón o Fritón.[86] Es gran enemigo mío y no quiere que yo sea un famoso caballero.

—No sé —respondió la criada— si se llamaba Frestón o Fritón; sólo sé que su nombre acabó en *tón*.

Pasaron quince días en los que el hidalgo estuvo tranquilo. En este tiempo, don Quijote pidió a un labrador vecino suyo que fuese su escudero. Era un hombre de bien —si es que este título se puede

---

[85] *Vuestra merced:* tratamiento de cortesía antiguo similar a 'usted'.

[86] *Frestón o Fritón:* se refiere a Fristón, el encantador de *Don Belianís de Grecia*.

dar al que es pobre—, pero de muy poca sal en la mollera.[87] Le prometió que lo haría gobernador de una ínsula.[88] Y con ello y otras cosas, Sancho Panza, que así se llamaba el hombre, dejó a su mujer e hijos y se hizo escudero de su vecino.

Don Quijote necesitaba dinero y vendió algunas cosas para conseguir una buena cantidad. Pidió prestado un escudo a un amigo y arregló sus armas. Luego avisó a Sancho del día en que se pondrían en camino para que se preparara. El escudero llevaría unas alforjas[89] y un burro para no andar a pie. Don Quijote no recordaba si los escuderos de los libros llevaban burros. No obstante, decidió que lo llevase hasta que quitaran a algún enemigo su caballo.

Después, don Quijote cogió provisiones[90] como el ventero le aconsejó. Una noche, el caballero y el escudero salieron del pueblo sin que nadie los viese, por el mismo camino de su primer viaje.

Iba Sancho sobre su burro como un patriarca,* con sus alforjas y su bota.* Se veía gobernador de una ínsula, como le prometió su señor. Entonces Sancho le dijo a don Quijote:

—Señor caballero andante, no se olvide de la ínsula que me prometió. Yo la sabré gobernar aunque sea grande.

—Debes saber, amigo Sancho Panza —respondió don Quijote—, que los caballeros andantes hacían a sus escuderos gobernadores

---

87 *De muy poca sal en la mollera:* poco inteligente, simple.
88 *Ínsula:* isla.
89 *Alforjas:* bolsas de tela que sirven para transportar cosas.
90 *Provisiones:* alimentos y otras cosas que se preparan para un viaje.

cuando llegaban a viejos. Yo tengo decidido hacer algo mejor. Si gano un reino* antes de seis días, podrá ser tuyo.

—De esa manera —respondió Sancho Panza—, si yo soy rey, mi mujer será reina y mis hijos infantes.

—Pues, ¿quién lo duda? —respondió don Quijote.

—Yo lo dudo —replicó Sancho Panza—, porque aunque lluevan reinos sobre la tierra, ninguno valdrá para mi mujer. Ella no vale para reina. Condesa* será mejor y con ayuda de Dios.

—Dios dará, Sancho —respondió don Quijote—, lo que más convenga. Pero no te desanimes,* como poco serás gobernador.

—No lo haré, señor mío —respondió Sancho—, vuestra merced me dará lo que sea bueno para mí.

CAPÍTULO IX

Aventura de los molinos

◀7 En esto, descubrieron treinta o cuarenta molinos de viento[91] a lo lejos. Cuando los vio don Quijote, dijo:

—La suerte guía nuestros pasos. Mira allí, amigo Sancho, esos treinta o más enormes gigantes. Pelearé con ellos, los mataré y comenzaremos a enriquecernos.

—¿Qué gigantes? —dijo Sancho Panza.

—Aquellos que ves allí de los brazos largos —respondió don Quijote.

—Aquellos no son gigantes, sino molinos de viento. Y lo que parecen brazos son aspas[92] que mueve el viento —dijo Sancho.

—Se nota que no sabes de aventuras. Son gigantes. Si tienes miedo, apártate y reza. Yo lucharé contra ellos —dijo don Quijote.

---

[91] *Molinos de viento:* edificación, generalmente con forma circular, dotados de unas grandes aspas que el viento hace girar y mueven a su vez un mecanismo que sirve para moler el grano y hacer harina.

[92] *Aspas:* estructura en forma de X recubierta de tela que está en los molinos de viento.

Entonces se fue hacia los molinos. Sancho le gritaba que eran molinos, pero don Quijote no oía las voces de su escudero. El caballero decía a gritos:

—No huyáis, cobardes y viles criaturas.* Un solo caballero os ataca.

Entonces se levantó un poco de viento y las grandes aspas empezaron a moverse. Cuando lo vio don Quijote, dijo:

—Aunque mováis los brazos, me las pagaréis.[93]

Y encomendándose[94] de todo corazón a su señora Dulcinea, atacó al primer molino que estaba delante. Le dio con la lanza en el aspa, pero el viento giró el aspa y rompió la lanza. Don Quijote y Rocinante rodaron por el campo. Sancho Panza fue a ayudarle y vio que su señor no podía moverse por el gran golpe.

—¡Díos mío! ¿No le dije que eran molinos de viento? —dijo Sancho.

—Calla, amigo Sancho —dijo don Quijote—, que las cosas de la guerra cambian continuamente. Aquel sabio Frestón que robó mis libros ha convertido estos gigantes en molinos. Quiere quitarme la gloria de mi victoria. Pero de nada valdrán sus malas artes[95] contra la bondad de mi espada.

---

93 *Me las pagaréis:* expresión que significa «castigar por algo malo que se ha hecho; vengarse».

94 *Encomendándose:* poniéndose bajo la protección de alguien al que se le pide ayuda.

95 *Malas artes:* trucos, engaños.

Sancho le ayudó a levantarse y a subir sobre Rocinante. Hablando de la aventura pasada, siguieron camino hacia Puerto Lápice.[96] El caballero pensaba que allí encontrarían muchas aventuras. Era la hora de comer. Don Quijote no tenía hambre, pero le dio permiso a Sancho para comer cuando quisiera. Así que el escudero se acomodó sobre su burro y sacó comida de las alforjas. Caminaba y comía. Mientras lo hacía, no recordaba las promesas de la ínsula hechas por don Quijote.

Aquella noche durmieron entre unos árboles. Don Quijote cortó una rama para hacerse una lanza. Como buen caballero andante, no durmió nada pensando en su señora Dulcinea.

[96] *Puerto Lápice:* localidad de Ciudad Real (provincia de España).

CAPÍTULO X

Aventura del vizcaíno[97]

Al día siguiente continuaron su camino. Mientras caminaban, se encontraron con dos frailes.[98] Detrás de ellos venía un coche,[99] gente a caballo y dos mozos de mulas.[100] Venía en el coche una señora vizcaína, con sus criadas, que iba a Sevilla.

En cuanto los vio don Quijote, dijo a su escudero:

—O yo me engaño, o ésta será la más famosa aventura del mundo. Aquellos bultos* negros son encantadores que han secuestrado a la princesa que va en el coche.

—Peor será esto que los molinos de viento —dijo Sancho—. Señor, aquellos son frailes y el coche debe de ser de algún viajero.

—Ya te he dicho, Sancho, que sabes poco de aventuras —respondió don Quijote—. Ahora verás si lo que digo es verdad.

---

97 *Vizcaíno:* persona que es de Vizcaya (provincia de España).

98 *Fraile:* persona que pertenece a una orden religiosa.

99 *Coche:* en la época, vehículo de cuatro ruedas tirado por animales formado por una caja grande donde se transporta a las personas.

100 *Mozos de mulas:* criados jóvenes encargados del cuidado y el mantenimiento de las mulas.

Don Quijote se adelantó y se puso en la mitad del camino. En voz alta dijo:

—Gente endiablada,[101] dejad al instante a las princesas que lleváis secuestradas en ese coche. De lo contrario, preparaos para morir.

Los frailes se detuvieron y se quedaron admirados de la figura de don Quijote y de sus palabras. Le respondieron:

—Señor caballero, no somos endiablados, sino dos religiosos. Además, no sabemos si en este coche van o no princesas secuestradas.

—¡Qué decís! Yo os conozco bien, canallas —dijo don Quijote.

Y sin esperar más respuesta, arremetió* contra el primer fraile con todas sus fuerzas. El fraile se dejó caer de la mula para evitar el golpe de don Quijote. El otro religioso echó a correr por el campo más ligero que el viento.

Sancho Panza, al ver al fraile en el suelo, comenzó a quitarle los hábitos.[102] Hasta allí llegaron dos mozos de los frailes y le preguntaron por qué le desnudaba. Sancho les respondió:

—Tengo derecho a los despojos[103] de la batalla que mi señor ha ganado.

---

[101] *Endiablada:* persona supuestamente poseída por el demonio o algún espíritu maligno.

[102] *Hábitos:* trajes que visten los miembros de una orden religiosa.

[103] *Despojos:* en la guerra o en las batallas, cosas de valor que los vencedores toman de los vencidos; botín.

Los mozos, que no entendían de despojos ni batallas, comenzaron a golpear a Sancho. Le dejaron en el suelo sin aliento ni sentido.[104] El fraile se levantó y huyó con su compañero.

Don Quijote fue a hablar con la señora del coche y le dijo:

—Señora mía, ya podéis hacer lo que queráis. Ya os he liberado* de vuestros robadores.[105] Me llamo don Quijote de la Mancha, caballero andante y siervo de la hermosa Dulcinea del Toboso. En pago del favor que os he hecho, iréis al Toboso a presentaros ante mi señora para decirle lo que he hecho.

Un escudero vizcaíno de la dama oyó lo que don Quijote decía. Al ver que no quería dejarles pasar, fue hacia él y, cogiéndole de la lanza, le dijo en mal castellano:

—Caballero que mal andes, si no nos dejas coche seguir, te matas como estás ahí vizcaíno.[106]

—Si fueras caballero ya te habría castigado por tu atrevimiento[107] —dijo don Quijote.

---

[104] *Sin aliento ni sentido:* inconsciente, desmayado.

[105] *Robadores:* personas que roban; en este caso, secuestradores.

[106] Cervantes parodia el habla castellana de los vascos. El pasaje podría construirse así: *Si no dejas seguir el coche, tan verdad es que este vizcaíno te matará como que tú estás ahí.*

[107] *Atrevimiento:* dicho o hecho que resulta inadecuado y falta al respeto de alguien.

—¿Yo no caballero? Juro por Dios que mientes —replicó el vizcaíno—. Si lanza arrojas y espada sacas, llevas el gato al agua.[108] Vizcaíno por tierra, hidalgo por mar, hidalgo por el diablo.[109]

—¡Ahora lo verás! —respondió don Quijote.

Entonces sacó su espada y atacó al vizcaíno. El vizcaíno no se quedó parado. Le dio una gran cuchillada[110] en el hombro a don Quijote.

El caballero sintió el golpe y dijo:

—¡Oh señora de mi alma, Dulcinea, flor de la hermosura, ayudadme!

Don Quijote volvió a arremeter contra el vizcaíno. Éste le esperaba cubierto con una almohada y sin poder mover a su mula. Estaban los dos con las espadas levantadas mientras en el coche la señora y sus criadas rezaban para librar a su escudero del peligro.

Pero el autor de esta historia la interrumpió aquí porque no encontró más documentos sobre esta batalla. Sin embargo, el segundo autor sí halló papeles sobre el famoso caballero y pudo finalizar la historia, como cuenta en el siguiente capítulo.

---

108 *Llevas el gato al agua:* ganas, consigues el triunfo en una pelea.

109 Este otro pasaje podría construirse así: *Si arrojas la lanza y sacas la espada, verás qué rápido me llevo el gato al agua. El vizcaíno es hidalgo por tierra, por mar y por el diablo.*

110 *Cuchillada:* golpe dado con una espada u otra arma afilada.

CAPÍTULO XI

Continúa la aventura del vizcaíno

Dejamos en el capítulo anterior al valiente vizcaíno y al famoso don Quijote con las espadas en alto sin conocer el final. Esto me entristeció,* pues faltaba mucho aún para completar la historia y quería que todo el mundo la leyera.

Estaba un día en Toledo cuando llegó un muchacho a vender cartapacios[111] y papeles viejos. Como soy aficionado a leer, cogí un cartapacio escrito en árabe. Busqué un intérprete que lo tradujera. El traductor* abrió el cartapacio y se echó a reír. Le pregunté por qué se reía y me dijo que se reía de una cosa escrita en el margen del libro. Le pedí que la leyese y dijo:

—«Esta Dulcinea del Toboso, tantas veces mencionada en esta historia, tiene la mejor mano para salar[112] cerdos de toda la Mancha».

Cuando oí decir «Dulcinea del Toboso» me sorprendí, porque pensé que aquellos papeles contenían la historia de don Quijote. Le pedí que leyese el principio y decía: *Historia de don Quijote de la*

---

[111] *Cartapacios:* carpetas que sirven para guardar papeles.
[112] *Salar:* cubrir con sal un alimento para conservarlo.

Mancha, escrita por Cide Hamete Benengeli, historiador arábigo.[113] Me alegré mucho al oír el título del libro, compré el cartapacio y le pedí al intérprete que lo tradujera. En poco más de un mes y medio lo tradujo todo.

Según la traducción, el final de la batalla entre el vizcaíno y don Quijote fue así:

Levantadas las espadas de los valientes caballeros, parecía que amenazaban al cielo y a la tierra. El primero en golpear fue el vizcaíno. Golpeó a don Quijote con mucha fuerza. Le dio en el hombro izquierdo y le cortó media oreja.

Don Quijote estaba rabioso.[114] Se colocó bien sobre Rocinante y apretó de nuevo la espada con las dos manos. Golpeó al vizcaíno en la almohada con que se protegía y en la cabeza. El escudero comenzó a sangrar por la nariz, por la boca y por los oídos. La mula echó a correr y tiró al escudero al suelo.

Don Quijote lo miró tranquilamente y le puso la punta de la espada en los ojos. Le dijo que se rindiese o le cortaría la cabeza. Las mujeres, desde el coche, le pidieron a don Quijote que le perdonase la vida al vizcaíno.

Don Quijote les respondió:

—Hermosas señoras, haré lo que me pedís. Pero sólo si este caballero va a visitar a Dulcinea.

---

[113] *Arábigo:* árabe.

[114] *Rabioso:* muy enfadado o furioso.

La desconsolada[115] señora le prometió que el escudero haría todo lo que le mandase.

—Entonces no le haré más daño —dijo don Quijote.

Sancho Panza estuvo atento a la batalla de su señor y rogaba a Dios que ganase alguna ínsula para hacerle gobernador. Acabada la batalla, Sancho fue a buscar a don Quijote. Se puso de rodillas, le besó la mano y le dijo:

—Señor don Quijote mío, deme el gobierno de la ínsula que ha ganado en esta batalla. Yo sabré gobernarla.

Don Quijote respondió:

—Hermano Sancho, esta aventura no es de ínsulas, sino de encrucijadas.[116] En estas aventuras no se gana otra cosa que sacar rota la cabeza o una oreja menos. Ten paciencia,* habrá otras aventuras donde te pueda hacer gobernador.

Sancho se lo agradeció y le ayudó a subir sobre Rocinante. Él subió sobre su burro y siguió a su señor.

---

115 *Desconsolada:* triste, sin consuelo.

116 *Encrucijadas:* lugares donde se cruzan dos o más caminos. En este caso, aventuras que se producen en estos lugares.

CAPÍTULO XII

Aventura de los yangüeses[117]

8 Cuenta Cide Hamete Benengeli que después de la batalla, pararon a descansar en un prado lleno de hierba fresca por el que corría un arroyo.

Don Quijote y Sancho se bajaron de sus animales y los dejaron pacer[118] libremente. Mientras, señor y mozo comieron en buena compañía.

En aquel prado había unas yeguas* de unos arrieros gallegos.[119] Rocinante quiso divertirse y fue hacia ellas. Pero las yeguas tenían más ganas de pacer que de otra cosa y recibieron a Rocinante con las herraduras[120] y los dientes. Entonces llegaron los arrieros y le golpearon con palos hasta dejarlo malherido en el suelo.

---

117 *Yangüeses:* habitantes de Yanguas (pueblo de Soria o Segovia, provincias españolas).

118 *Pacer:* comer el ganado la hierba en los campos.

119 *Gallego:* persona que es de Galicia (región de España).

120 *Herraduras:* protecciones en forma de «U» que se ponen a los caballos y otros animales en las pezuñas.

Don Quijote y Sancho vieron la paliza* que le dieron a Rocinante y fueron corriendo hasta donde estaba. Don Quijote dijo a su escudero:

—Amigo Sancho, éstos no son caballeros, así que puedes ayudarme a vengar el agravio que han hecho a Rocinante.

—¿Qué diablos de venganza hemos de tomar —respondió Sancho—, si son más de veinte y nosotros dos?

—Yo valgo por ciento —replicó don Quijote.

Sin decir nada más, cogió su espada y arremetió contra los gallegos, y lo mismo hizo Sancho Panza. Don Quijote dio una cuchillada a uno y le rasgó la ropa y parte de la espalda. Los gallegos cogieron sus palos y golpearon duramente al caballero y al escudero. Los dos cayeron al suelo junto a Rocinante.

Al ver los gallegos lo que habían hecho, recogieron a sus animales con rapidez y siguieron su camino.

Entonces, Sancho Panza se levantó suspirando y quejándose. Después preparó a su burro y levantó a Rocinante. Colocó a don Quijote sobre el burro y se dirigió hacia el camino real. En él vieron una venta que para don Quijote era castillo. Caballero y escudero discutieron sobre si era venta o castillo hasta llegar a ella.

CAPÍTULO XIII

La venta encantada

Al llegar a la venta, salió el dueño para ver qué pasaba.

—Mi señor cayó de una peña y tiene algunas heridas —respondió Sancho.

La mujer del ventero corrió a curar a don Quijote. A ella le ayudó su hija, una muchacha joven y de buen parecer. En la venta también había una moza asturiana[121] llamada Maritornes. Era ancha de cara, tuerta y algo encorvada.[122]

Las mujeres hicieron la cama a don Quijote en un antiguo pajar.[123] Allí también dormía un arriero en una cama mejor que la de don Quijote, pues la cama del hidalgo estaba hecha de cuatro tablas sobre dos bancos y un colchón* lleno de bultos.

Don Quijote se acostó y la ventera y su hija le curaron las heridas.

—¿Cómo se llama este caballero? —preguntó Maritornes.

---

[121] *Asturiana:* persona que es de Asturias (provincia de España).

[122] *Encorvada:* con la espalda curvada por la edad o por algún problema físico.

[123] *Pajar:* lugar donde se guarda la paja.

—Don Quijote de la Mancha, y es caballero aventurero. De los mejores y más fuertes del mundo —respondió Sancho Panza.

—¿Qué es *caballero aventurero*? —preguntó la asturiana Maritornes.

—Hermana mía, caballero aventurero es el que se ve apaleado y emperador en un momento —contestó Sancho—. Hoy es la criatura más desgraciada* y mañana tiene dos o tres reinos que dar a su escudero.

—Y, ¿cómo siendo escudero de tan buen señor —dijo Maritornes— no tenéis condado?[124]

—Aún es pronto —respondió Sancho—, porque sólo hace un mes que buscamos aventuras.

Esta conversación la escuchaba atentamente don Quijote. Como pudo, se levantó de la cama, cogió de la mano a la ventera y le dijo:

—Hermosa señora, podéis llamaros afortunada por alojarme* en vuestro castillo. Gracias por curarme, os lo agradeceré toda la vida.

La ventera, su hija y Maritornes estaban confusas por las palabras de don Quijote. Le agradecieron sus ofrecimientos* y le dejaron. Luego, la asturiana Maritornes curó a Sancho, que lo necesitaba tanto como su señor.

El arriero quedó aquella noche con Maritornes para acostarse juntos. Ella le prometió que cuando todos durmiesen iría a buscarle. Se dice de esta buena moza que siempre cumplía su palabra.

---

[124] *Condado:* territorio que gobierna un conde.

La primera cama de la habitación era la de don Quijote. Luego estaba la de Sancho, y por último la del arriero. El arriero estaba tumbado en su cama esperando a Maritornes. Sancho y don Quijote también estaban acostados, pero ninguno dormía. El arriero porque esperaba a la puntual Maritornes; don Quijote y Sancho por el dolor de sus respectivas costillas. Toda la venta estaba en silencio y no había ninguna luz.

Con este silencio, don Quijote empezó a imaginar cosas que leyó en sus libros. Imaginaba que estaba en un castillo y que la hija del señor del castillo estaba enamorada de él. Imaginaba que ella dormiría con él aquella noche.

Mientras pensaba en estos disparates, Maritornes fue a buscar al arriero. Al llegar a la puerta, don Quijote la oyó. Se sentó en la cama y estiró los brazos para recibir a su hermosa doncella. Agarró a Maritornes de la mano y la sentó junto a él.

Entonces le comenzó a decir en voz baja:

—Hermosa y alta señora, quisiera estar en condiciones de satisfacer el favor que me hace, pero estoy postrado[125] en esta cama completamente molido. Además, me debo a Dulcinea del Toboso. Ella es la única señora de mis pensamientos.

Maritornes no entendía nada de lo que don Quijote decía. El arriero estaba despierto y lo escuchó todo. Se puso celoso* y se acercó a la cama de don Quijote. Como vio que Maritornes inten-

---

125 *Postrado:* que está en cama debido a una enfermedad.

taba escapar y don Quijote no le dejaba, le dio un gran puñetazo.[126] Luego se subió encima de él y le molió al trote[127] las costillas.

Con el peso de los tres, la cama se rompió. El ruido despertó al ventero. Al momento imaginó que eran pleitos[128] de Maritornes, pues la llamaba y no respondía. Se levantó, encendió un candil[129] y fue hacia la habitación. Maritornes, al ver que su amo venía, se metió en la cama de Sancho Panza.

El ventero entró y dijo:

—¿Dónde estás, puta?[130] Seguro que esto es cosa tuya.

Entonces, Sancho se despertó y sintió un bulto encima. Pensó que era una pesadilla.* Comenzó a dar golpes a Maritornes y ella a él. El arriero fue a ayudar a Maritornes y el ventero hizo lo mismo. Todos se daban golpes: el arriero a Sancho, Sancho a Maritornes, Maritornes a Sancho y el ventero a Maritornes. Y lo mejor fue que al ventero se le apagó el candil. Así, todo se quedó a oscuras y unos a otros se golpeaban sin parar.

Aquella noche estaba alojado en la venta un cuadrillero[131] de la Santa Hermandad.[132] Al oír el ruido de la pelea, fue a la habitación y dijo:

---

[126] *Puñetazo:* golpe dado a una persona con la mano cerrada.

[127] *Al trote:* aquí, con golpes de pies.

[128] *Pleitos:* asuntos.

[129] *Candil:* lámpara de aceite.

[130] *Puta:* mujer que cobra dinero por tener relaciones sexuales; prostituta. Aquí es un insulto.

[131] *Cuadrillero:* agente del orden, miembro de la Santa Hermandad.

[132] *Santa Hermandad:* tribunal de justicia encargado de castigar a los delincuentes. Policía rural.

—¡Alto en nombre de la justicia!

El cuadrillero se encontró con don Quijote. Estaba tumbado en la cama y no se movía. Entonces, exclamó:

—¡Cierren la puerta de la venta! ¡Que no se vaya nadie, pues aquí han matado a un hombre!

Todos se asustaron y pararon de pelear. El ventero volvió a su habitación, el arriero a su cama y Maritornes a la suya. Sólo don Quijote y Sancho no pudieron moverse. El cuadrillero salió a buscar luz para atrapar a los delincuentes, pero no la encontró. El ventero la apagó y el cuadrillero fue a la chimenea para encender otro candil.

CAPÍTULO XIV

Bálsamo de Fierabrás

◀9 Al rato, don Quijote volvió en sí y llamó a Sancho:

—Sancho amigo, ¿duermes? ¿Duermes, amigo Sancho?

—¡Cómo voy a dormir, si parece que todos los diablos se han liado[133] conmigo esta noche! —respondió Sancho.

—Créelo así —dijo don Quijote— porque este castillo está encantado. Te contaré un secreto si juras que lo guardarás hasta después de mi muerte.

—Sí, lo juro —respondió Sancho.

—Esta noche me ha sucedido una de las más extrañas aventuras que pueda contar —dijo don Quijote—. Ya te he dicho que este castillo está encantado. Pues bien. Hasta mi cama vino la hermosa hija del señor del castillo y cuando estaba con ella en dulces coloquios, el brazo de un gigante me golpeó. Me molió de tal manera que estoy peor que después de la pelea de ayer. Quizá el tesoro de la hermosura de esta dama debe guardarlo algún moro encantado y no es para mí.

---

[133] *Liarse con:* golpear, ensañarse.

—Ni para mí tampoco —respondió Sancho—, porque más de cuatrocientos moros me han golpeado.

—¿También te han golpeado a ti? —preguntó don Quijote.

—¿No le he dicho que sí? —dijo Sancho.

—No tengas pena, amigo —dijo don Quijote—, que haré un bálsamo[134] mágico* para nuestros dolores y nos curaremos enseguida.

El cuadrillero entró en la habitación con el candil encendido para ver al muerto. Sancho, al verlo entrar en camisa, con el gorro de dormir, el candil y muy mala cara, preguntó a su señor:

—Señor, ¿será éste el moro encantado que vuelve para castigarnos otra vez?

—No puede ser el moro —respondió don Quijote—. Los encantados no se dejan ver por nadie.

—Si no se dejan ver, se dejan sentir —dijo Sancho.

Llegó el cuadrillero y como los vio hablando quedó sorprendido. Se acercó a don Quijote y le dijo:

—¿Cómo está, buen hombre?

—Debería ser más educado —respondió don Quijote—. ¿En esta tierra se habla así a los caballeros andantes, imbécil?

---

[134] *Bálsamo:* líquido que se hace con hierbas y otros ingredientes para curar una enfermedad o una herida.

El cuadrillero, al verse tratar tan mal, levantó el candil y le dio un golpe en la cabeza a don Quijote. Todo quedó a oscuras y se fue. Sancho Panza dijo:

—Sin duda, señor, éste es el moro encantado.

—Así es —respondió don Quijote—. Levántate, Sancho. Llama al señor del castillo. Pídele un poco de aceite, vino, sal y romero[135] para hacer el bálsamo.

Sancho se levantó con mucho dolor y fue a buscar al ventero. El ventero le dio lo que quiso y se lo llevó a don Quijote. Éste cogió los ingredientes,* los mezcló y los coció.

Terminado el bálsamo, don Quijote quiso probarlo primero. En cuanto bebió un poco, comenzó a vomitar[136] de forma que no le quedó nada en el estómago. Después comenzó a sudar* mucho y pidió que le arropasen[137] y le dejasen solo. Se quedó dormido más de tres horas. Cuando despertó se sentía mucho mejor. Así que creyó que el bálsamo funcionaba y que de ahí en adelante podía acometer sin temor cualquier batalla.

---

135 *Romero:* planta aromática que se utiliza en medicina, en las comidas o para hacer perfumes.

136 *Vomitar:* devolver o expulsar por la boca la comida del cuerpo.

137 *Arropasen:* cubriesen con ropa para no pasar frío.

Sancho Panza le rogó que le diese del bálsamo. Don Quijote aceptó y Sancho también bebió. Pero su estómago no era tan delicado como el de su señor. Antes de vomitar, tuvo muchos desmayos[138] y sudores.* Pensaba que se moría. Entonces maldijo* el bálsamo una y mil veces.

Al verlo don Quijote le dijo:

—Yo creo, Sancho, que todo este mal te viene por no ser caballero.

—Entonces, ¿por qué dejó que bebiese? —replicó Sancho.

En ese momento, Sancho volvió a vomitar. Todos pensaron que se moría. Estuvo así casi dos horas. Estaba tan mal que no podía moverse.

Pero, como don Quijote se sentía sano, quiso buscar nuevas aventuras. Ensilló a Rocinante y preparó el burro de su escudero. Luego ayudó a Sancho a vestirse y a montar.

---

138 *Desmayos:* pérdidas momentáneas del conocimiento. Debilidad, falta de fuerzas.

CAPÍTULO XV

Manteamiento[139] *de Sancho Panza*

◀10 Todos los miraban atentamente. Cuando los dos estuvieron en la puerta de la venta, don Quijote llamó al ventero y le dijo:

—Señor alcaide,[140] he recibido muchas atenciones[141] en vuestro castillo. Os lo agradeceré todos los días de mi vida. Os puedo pagar vengándoos de algún enemigo.

El ventero le respondió:

—Señor caballero, no necesito que me vengue. Sólo necesito que me pague lo que han gastado en la venta.

—Luego, ¿esto es una venta? —replicó don Quijote.

—Y muy honrada —respondió el ventero.

—Engañado[142] he vivido hasta aquí. Yo pensaba que era un castillo. Puesto que es venta, tenéis que perdonar la paga. Nunca he

---

[139] *Manteamiento:* lanzamiento de una persona al aire utilizando una manta que sujetan varias personas.

[140] *Alcaide:* antiguamente, persona que vigilaba y defendía un castillo.

[141] *Atenciones:* cuidados.

[142] *Engañado:* a quien le han hecho creer algo que no es cierto mediante mentiras.

leído que los caballeros andantes paguen en las ventas —dijo don Quijote.

—Págueme lo que me debe y déjese de cuentos ni de caballerías —respondió el ventero.

—Sois un imbécil y un mal ventero —respondió don Quijote.

Y salió de la venta sin que nadie lo detuviese.

El ventero, que lo vio irse sin pagar, fue a cobrarle a Sancho Panza. Pero Sancho le dijo:

—Si mi señor no ha querido pagar, yo tampoco pagaré.

El ventero lo amenazó, pero Sancho no quiso pagar por no ir contra la ley de caballería. Quiso la mala suerte del desdichado[143] Sancho que en la venta hubiera bastante gente de vida alegre,[144] y decidieron burlarse de él. Lo bajaron del burro y lo mantearon[145] en el patio de la venta. El pobre escudero gritaba y don Quijote se dio la vuelta para ayudarle. Llegó a la venta y no pudo entrar. La puerta estaba cerrada. Entonces, tras las paredes del corral, vio a Sancho subir y bajar por el aire. Al final se cansaron de mantearlo y lo dejaron marchar.

Salió Sancho de la venta muy contento por no haber pagado nada. Sin embargo, el ventero se quedó con las alforjas como pago de la deuda.

---

143 *Desdichado:* desgraciado, desafortunado.

144 *Gente de vida alegre:* golfos, sinvergüenzas; gente entregada a la diversión y al vicio, no al trabajo.

145 *Lo mantearon:* lo lanzaron al aire utilizando una manta que sujetan varias personas e impulsan hacia arriba varias veces.

CAPÍTULO XVI

Aventura de los rebaños

◄11 Sancho alcanzó a su señor y éste al verlo le dijo:

—No hay duda ninguna, Sancho bueno, de que aquel castillo o venta está encantado. ¿Qué son sino fantasmas los que se divirtieron contigo?

—No eran fantasmas, sino hombres de carne y hueso —respondió Sancho—. Me parece que las aventuras que buscamos sólo nos traen desventuras.* Deberíamos volver a casa y no andar de Ceca en Meca.[146]

—¡Qué poco sabes —dijo don Quijote— de aventuras caballerescas! Calla y ten paciencia. Ya verás algún día lo honrosa[147] que es esta profesión. Dime si hay algo mejor que vencer en una batalla.

—Así será —respondió Sancho—. Pero desde que somos caballeros andantes no hemos ganado ninguna batalla. Sólo hemos ganado palos y manteamientos.

---

146 *Andar de Ceca en Meca:* andar de una parte a otra.

147 *Honrosa:* que da honra.

Esta conversación tenían don Quijote y Sancho cuando el caballero divisó[148] una grande y espesa polvareda[149] que venía hacia ellos. Al verla, se volvió a Sancho y dijo:

—Éste es mi día de suerte, ¡oh Sancho! ¿Ves aquella polvareda? Pues es un gran ejército.

—Son dos, porque por esta otra parte hay otra polvareda —dijo Sancho.

Volvió a mirar don Quijote y vio que era verdad. Se alegró mucho porque creía que dos ejércitos iban a luchar en aquella llanura.[150] Sin embargo, la polvareda la levantaban dos grandes rebaños de ovejas que venían de diferentes partes. Pero con el polvo no se veían las ovejas y Sancho creyó que eran ejércitos. Entonces, preguntó a don Quijote:

—Señor, ¿qué debemos hacer nosotros?

—¿Qué? Ayudar a los necesitados y desvalidos[151] —dijo don Quijote—. Has de saber, Sancho, que de frente viene el emperador Alifanfarón, señor de la gran isla Trapobana. Y este otro es su enemigo, Pentapolén del Arremangado Brazo. Lo llaman así porque siempre entra en las batallas con el brazo derecho desnudo.

A continuación, don Quijote empezó a describir los ejércitos a Sancho. Mientras, el escudero miraba de un lado a otro sin encontrar los gigantes y caballeros que su señor señalaba. Y le dijo:

---

148 *Divisó:* vio a lo lejos.

149 *Polvareda:* gran cantidad de polvo levantada por el viento o por animales.

150 *Llanura:* extensión de terreno llana, sin desniveles ni obstáculos.

151 *Desvalidos:* que no pueden valerse por sí mismos y necesitan la ayuda de otros.

—Señor, yo no veo ni gigantes, ni caballeros. Quizás sea todo encantamiento,[152] como el de la venta.

—¿Cómo dices eso? —respondió don Quijote—. ¿No oyes relinchar[153] a los caballos y el ruido de los tambores?[154]

—Sólo oigo muchos balidos[155] de ovejas —respondió Sancho.

—El miedo que tienes hace, Sancho, que no veas ni oigas bien. Y si tanto miedo tienes, retírate y déjame solo. Pues yo solo me basto para dar la victoria a quien ayude —dijo don Quijote.

Y diciendo esto, entró por medio del rebaño y comenzó a golpear a las ovejas. Los pastores le daban voces para que no lo hiciese. Pero como no les hacía caso, empezaron a tirarle piedras con sus hondas.[156]

◀12 Una de las piedras le dio en las costillas, sepultándoselas[157] en el cuerpo. Al verse tan mal, sacó el bálsamo y bebió un poco. Pero llegó otra almendra[158] y le dio en la mano. La piedra rompió el frasco[159] del bálsamo y se llevó tres o cuatro dientes de la boca de don Quijote.

---

152 *Encantamiento:* práctica mágica que sirve para lograr efectos maravillosos; hechizo.

153 *Relinchar:* sonido que hacen los caballos con la boca.

154 *Tambores:* instrumento musical de percusión, redondo y que se toca con palillos.

155 *Balidos:* sonido que hacen las ovejas con la boca.

156 *Hondas:* instrumentos para lanzar piedras que sirven como arma de ataque.

157 *Sepultándoselas:* hundiéndoselas, clavándoselas.

158 *Almendra:* fruto del almendro. Tiene una corteza dura, ovalada, y por dentro es blanca y comestible. En el texto significa 'piedra' pequeña, de forma parecida al fruto, y dura como su corteza.

159 *Frasco:* recipiente, normalmente de cristal, para conservar o guardar líquidos.

Éste cayó al suelo por el golpe. Los pastores se acercaron y creyeron que estaba muerto. Con mucha prisa, recogieron su ganado,* cargaron con las ovejas muertas y se fueron.

Sancho miraba las locuras de su señor y maldecía haberlo conocido. Fue a buscarlo y lo encontró muy malherido. Entonces le dijo:

—¿No le decía yo, señor don Quijote, que no eran ejércitos, sino rebaños de ovejas?

—Sancho, el encantador que me persigue ha transformado los ejércitos en rebaños de ovejas —dijo don Quijote—. Estaba celoso de la gloria que alcanzaría con esta aventura. Sube en tu burro y síguelos. Ya verás cómo se convierten en hombres hechos y derechos.[160] Pero no vayas ahora, que necesito tu ayuda. Acércate y mira cuántas muelas* y dientes me faltan, me parece que no me ha quedado ninguno en la boca.

Sancho se acercó y, en ese momento, hizo efecto el bálsamo y don Quijote vomitó sobre la cara de Sancho todo lo que tenía dentro.

—¡Santa María! —dijo Sancho—, ¿qué me ha pasado?

Pero por el color y el olor se dio cuenta de que era el bálsamo. Fue hacia su burro a buscar en las alforjas algo para limpiarse y curar a su señor. Y, como no las encontró, estuvo a punto de volverse loco. Se maldijo y decidió dejar al caballero y volver a su casa.

Don Quijote se levantó y se acercó donde estaba su escudero. Al verlo pensativo y con muestras de tristeza, le dijo:

---

160 *Hombres hechos y derechos:* hombres verdaderos, reales.

—Sancho, todo lo que nos pasa son señales de que pronto nos sucederán cosas buenas. Como ha durado mucho el mal, el bien está ya cerca. No debes preocuparte por las desgracias que me ocurren, pues a ti no te tocan.

—¿Cómo no? —respondió Sancho—. Ayer me mantearon y hoy me faltan las alforjas.

—¿Que te faltan las alforjas, Sancho? —dijo don Quijote.

—Sí que me faltan —respondió Sancho.

—Entonces, no tenemos nada para comer hoy —replicó don Quijote—. Pero no pasa nada. Sube en tu burro, Sancho, y vente detrás de mí. Dios nos ayudará.

—Será como vuestra merced dice. Y ahora vamos a buscar un sitio donde pasar la noche —respondió Sancho.

—Guía por donde quieras —dijo don Quijote—, pero dame la mano y mira cuántos dientes y muelas me faltan.

Sancho metió los dedos y dijo:

—¿Cuántas muelas tenía vuestra merced en esta parte?

—Cuatro —respondió don Quijote—, todas enteras y muy sanas.

—¿Está vuestra merced seguro? —respondió Sancho—. Abajo tiene dos muelas y media, y arriba ninguna.

—¡Sin ventura yo! —dijo don Quijote—. La boca sin muelas es como molino sin piedra. Sube, amigo, y guía, que yo te seguiré.

Así lo hizo Sancho y, siguiendo el camino real, se dirigió hacia algún lugar donde descansar.

CAPÍTULO XVII

Aventura del cuerpo muerto

◀13 Ya era de noche cuando vieron muchas luces que venían hacia ellos. Sancho se asustó y se puso a temblar. A don Quijote se le pusieron los pelos de punta.[161]

Entonces dijo:

—Ésta es una peligrosa y gran aventura, Sancho.

Los dos se apartaron a un lado del camino y miraron atentamente las luces. Enseguida descubrieron a unos encamisados,[162] todos a caballo con hachas[163] encendidas en las manos. Detrás iba una litera[164] cubierta de luto.* Don Quijote imaginó que en la litera iba un caballero herido o muerto. Sólo él podía vengarle.

Entonces se puso en la mitad del camino y dijo:

---

161 *Se le pusieron los pelos de punta:* sintió mucho miedo o asombro.

162 *Encamisados:* cubiertos con una túnica blanca.

163 *Hachas:* mechas de esparto y grasa que se hacían arder por un extremo para dar luz.

164 *Litera:* vehículo transportado por personas o caballos en el que viajaban personas importantes.

—Deteneos, caballeros. ¿Quiénes sois, dónde vais y qué lleváis en esa litera?

—No podemos detenernos porque tenemos prisa —respondió uno de los encamisados.

Don Quijote se molestó por esta respuesta y repitió:

—Deteneos y contestadme a lo que he preguntado. De lo contrario, lucharé contra todos vosotros.

La mula del encamisado se asustó y tiró a su dueño al suelo. Don Quijote se acercó, le puso la lanza en la cara y le dijo que se rindiese o le mataría.

El caído respondió:

—No me puedo mover porque tengo una pierna rota. Le suplico que no me mate. Soy bachiller[165] y vengo de Baeza[166] con otros once sacerdotes.* Vamos a Segovia[167] con un caballero muerto para enterrarlo allí.

—¿Y quién le mató? —preguntó don Quijote.

—Unas fiebres* que le dieron —respondió el bachiller.

—Entonces —dijo don Quijote— no tengo que vengar su muerte. Yo soy un caballero de la Mancha, llamado don Quijote. Mi oficio* es enderezar tuertos[168] y deshacer agravios.

---

165 *Bachiller:* persona que tiene el primer grado de estudios que daban las universidades.

166 *Baeza:* pueblo de Jaén (provincia de España).

167 *Segovia:* provincia española perteneciente a Castilla y León.

168 *Enderezar tuertos:* corregir las injusticias.

—Ayúdeme —suplicó el bachiller— a salir de debajo de esta mula.

Don Quijote llamó a Sancho y ayudó al bachiller. Entonces Sancho dijo:

—Si quiere saber quién es este valiente caballero, se llama don Quijote de la Mancha. También conocido como el Caballero de la Triste Figura.

Con esto, el bachiller se fue y don Quijote le preguntó a su escudero:

—¿Por qué me has llamado Caballero de la Triste Figura?

—Porque con la luz de las hachas, tiene la más mala figura que jamás he visto —respondió Sancho.

Antes de irse de allí, don Quijote quería mirar si el cuerpo de la litera tenía huesos o no. Pero Sancho no se lo permitió y le dijo:

—Señor, vámonos a comer y a descansar. El muerto a la sepultura y el vivo a la hogaza.[169]

Sancho se apoderó de las provisiones de los frailes. Luego cogió a su burro y rogó a su señor que le siguiese. Poco después encontraron un escondido valle. Allí comieron todo lo que necesitaban. Pero les sucedió otra desgracia que para Sancho fue la peor de todas. No tenían ni vino ni agua que beber. Entonces, Sancho dijo lo que se cuenta en el próximo capítulo.

---

[169] *El muerto a la sepultura y el vivo a la hogaza:* refrán que significa que por mucho que se quiera al que ha muerto, la vida sigue.

CAPÍTULO XVIII

Aventura de los batanes

14 —Estas hierbas —dijo Sancho— son testimonio* de que cerca hay una fuente o un arroyo. Vamos un poco más adelante.

A los pocos pasos, oyeron correr el agua. Se alegraron mucho, pero, de repente, oyeron un gran ruido. Eran golpes terribles de hierros y cadenas.[170] En la noche oscura, los ruidos causaban mucho miedo. Pero don Quijote, con su valiente corazón, saltó sobre Rocinante y dijo:

—Fiel escudero, la oscuridad de esta noche, el silencio, el ruido del agua son estímulos* para intentar esta aventura. Espérame aquí tres días y, si no vuelvo, vete a nuestra aldea.

Sancho comenzó a llorar y a decirle:

—Señor, no intente esta aventura espantosa.[171] Es de noche y no nos ve nadie, así que vámonos de aquí.

---

[170] *Cadenas:* objetos formados por una serie de piezas metálicas, generalmente con forma de anillos, unidas entre sí y que se utilizan para sujetar algo.

[171] *Espantosa:* que da miedo.

—Ni lágrimas ni ruegos[172] —respondió don Quijote— me apartarán de hacer lo que debo.

Sancho decidió que su señor esperase hasta el día siguiente. Para conseguirlo, ató las patas de Rocinante de forma que no pudiera moverse. Así, cuando don Quijote quiso partir, no pudo.

—Señor —dijo Sancho—, el cielo ha ordenado que Rocinante no pueda moverse.

Don Quijote no tuvo más remedio que esperar la llegada del alba.

—No se preocupe —respondió Sancho—. Para entretenerle le contaré cuentos hasta que llegue el día.

Y así, el escudero le contó la historia de una pastora llamada Torralba. Al terminar, el hidalgo intentó mover de nuevo a Rocinante, pero era imposible.

En esto, Sancho necesitaba hacer lo que otro no puede hacer por él.[173] Pero el miedo que tenía no le permitía apartarse de su señor. Así que se bajó los pantalones, levantó la camisa y dejó al aire su trasero. Sin embargo, tuvo otro problema, pues no podía defecar[174] sin hacer ruido. Comenzó a apretar los dientes, encoger los hombros y coger aire, pero todo fue inútil. Al fin, hizo un poco de ruido y don Quijote, al oírlo, dijo:

—¿Qué ruido es ése, Sancho?

—No sé, señor —respondió él—. Alguna cosa nueva será.

---

172 *Ruegos:* peticiones.

173 *Lo que otro no puede hacer por él:* evacuar, defecar.

174 *Defecar:* expulsar los excrementos por el ano.

Sancho probó de nuevo y, esta vez, sin ruido, se libró de la carga que tenía. Pero como don Quijote tenía el olfato* muy fino, llegó el olor a sus narices. Entonces, apretándolas con los dedos dijo:

—Me parece, Sancho, que tienes mucho miedo.

—Sí tengo —respondió Sancho—, pero ¿en qué lo nota vuestra merced?

—En que hueles más que nunca —respondió don Quijote—. Retírate y de ahora en adelante ten más respeto a mi persona.

En estos coloquios pasaron la noche hidalgo y mozo. A la mañana siguiente, Sancho desató a Rocinante. Cuando don Quijote vio que su caballo se movía, decidió intentar aquella aventura. Caminaron unos cien pasos y descubrieron la causa del ruido. Eran seis mazos de batán.[175] Sus golpes formaban aquel estruendo. Cuando don Quijote vio lo que era, enmudeció.[176] Sancho lo miró y vio que estaba avergonzado.[177] Don Quijote también miró a Sancho y vio que se estaba riendo. Así que él también se echó a reír.

Mientras reía, Sancho se burlaba de las palabras de su señor la primera vez que oyeron los ruidos. Pero don Quijote, al ver a su escudero burlarse de él, le dio dos golpes con la lanza. Entonces Sancho le pidió perdón al caballero y dejó de reírse.

---

[175] *Batán:* máquina compuesta por unos grandes martillos o mazos que, movida por el agua u otra fuerza, sirve para limpiar las telas y comprimir los tejidos.

[176] *Enmudeció:* se quedó sin habla.

[177] *Avergonzado:* que siente vergüenza por algo.

CAPÍTULO XIX

Aventura del yelmo de Mambrino[178]

15 Entonces, comenzó a llover un poco. Sancho quería entrar en el molino, pero don Quijote no quiso en modo alguno.[179] Al poco rato, don Quijote vio un hombre a caballo. El hombre llevaba una cosa en la cabeza que brillaba como si fuera de oro.

En cuanto lo vio, le dijo a Sancho:

—Me parece, Sancho, que donde una puerta se cierra, otra se abre.[180] Si no me engaño, ese hombre trae en la cabeza el yelmo de Mambrino.

—Mire bien lo que dice, no vaya a suceder lo mismo que con los batanes —dijo Sancho.

—¿Cómo me puedo engañar en lo que digo? ¿No ves aquel caballero sobre un caballo y un yelmo de oro en la cabeza?—respondió don Quijote.

---

[178] *Yelmo de Mambrino:* casco del rey moro Mambrino que fue ganado por Reinaldos de Montalbán.

[179] *En modo alguno:* de ninguna manera, forma intensiva para la negación.

[180] *Donde una puerta se cierra, otra se abre:* refrán que significa que siempre hay una solución para un problema; siempre hay esperanza.

—Lo que yo veo es un hombre sobre un burro que trae una cosa brillante en la cabeza —respondió Sancho.

—Pues ése es el yelmo de Mambrino —dijo don Quijote.

Lo que veía don Quijote era un barbero. Como llovía, llevaba una bacía[181] en la cabeza para no mojarse. Y como la bacía estaba limpia, brillaba desde lejos. Don Quijote atacó al barbero y le dijo:

—¡Defiéndete, cautiva criatura, o dame lo que me debes!

El barbero, al verlo, se dejó caer del burro y se fue a todo correr. Dejó en el suelo la bacía y don Quijote se puso muy contento. Mandó a Sancho que cogiese el yelmo. Sancho lo cogió y dijo:

—Esta bacía es muy buena.

Don Quijote se la puso en la cabeza y dijo:

—Este yelmo es muy grande. Su dueño tenía una gran cabeza. Lo malo es que le falta la mitad.

Cuando Sancho oyó llamar *yelmo* a la bacía, empezó a reírse, pero se calló al momento al ver a su señor enfadado.

Entonces, Sancho dijo:

—¿Qué haremos con este burro que dejó aquí aquel Martino?[182]

—No suelo despojar* a los que venzo —dijo don Quijote—. Así que, Sancho, deja ese caballo, o burro, o lo que tú quieras que sea. Su dueño volverá a por él en cuanto nos marchemos.

---

181 *Bacía:* recipiente semicircular para remojar la barba.

182 *Martino:* Sancho se equivoca, como en otras ocasiones, y emplea este término en lugar de *Mambrino*.

—Dios sabe que me gustaría llevármelo —replicó Sancho— o, por lo menos, cambiarlo por el mío, que no es tan bueno. ¿Puedo cambiar, al menos, los aparejos?[183]

—Cámbialos —respondió don Quijote— si lo necesitas.

Sancho, con el permiso de su señor, cambió los aparejos de un burro a otro. Después, almorzaron un poco y siguieron caminando por donde la voluntad de Rocinante quiso.

Mientras caminaban, Sancho dijo a don Quijote:

—Señor, desde hace algunos días he pensado que se gana poco buscando aventuras. Creo que deberíamos servir a algún emperador o príncipe que tenga alguna guerra. Así vuestra merced podrá mostrar su valor y recibiremos alguna recompensa.*

—No dices mal, Sancho —respondió don Quijote—, pero antes debemos andar por el mundo buscando aventuras. Así ganaremos nombre y fama* para ser conocidos por todos.

—Pues, encomendémonos a Dios —respondió Sancho— y dejemos correr la suerte.

—Así será —dijo don Quijote.

Y, alzando los ojos, vio lo que se dirá en el siguiente capítulo.

---

183 *Aparejos:* conjunto de cosas que se ponen en una caballería para poder montarla.

CAPÍTULO XX

Aventura de los galeotes

◀16 Cuenta Cide Hamete Benengeli que, después de esta conversación, don Quijote alzó los ojos y vio venir por el camino a doce hombres a pie. Iban encadenados.[184] Venían también dos guardias a caballo y dos a pie. Llevaban escopetas* y espadas.

Cuando Sancho Panza los vio, dijo:

—Ésta es cadena de galeotes,[185] gente forzada* del rey, que van a galeras.[186]

—¿Cómo gente forzada? —preguntó don Quijote.

—Es gente condenada por sus delitos. Deben servir al rey en las galeras —respondió Sancho.

—O sea, que esta gente va por fuerza y no por voluntad —replicó don Quijote.

—Así es —dijo Sancho.

---

184 *Encadenados:* atados con cadenas.

185 *Cadena de galeotes:* conjunto de presos unidos por cadenas.

186 *Galeras:* barco con velas y remos donde solían remar los condenados.

—Entonces tengo que hacer mi oficio: evitar la fuerza y ayudar a los miserables* —dijo su señor.

Don Quijote se acercó a los galeotes y preguntó al primero cuáles eran sus pecados. Él le respondió que iba preso por enamorado.

—¿Por eso nada más? —replicó don Quijote.

—No son los amores que vuestra merced piensa —dijo el galeote—. Quise tanto a una cesta* llena de ropa blanca, que la robé.

El hidalgo preguntó lo mismo al segundo, pero no respondió palabra. El que iba el primero dijo:

—Éste, señor, va por músico.

—Pues, ¿cómo? —repitió don Quijote—. ¿También van a galeras por músicos?

—A este pecador* le torturaron y confesó su delito —dijo el galeote—. Era ladrón de bestias.

Después pasó al tercero y le preguntó lo que a los otros. Éste respondió:

—Yo voy por cinco años a galeras por faltarme diez ducados.[187]

—Yo daré veinte —dijo don Quijote— por liberaros.

—Eso es como tener dineros en mitad del golfo —respondió el galeote— y estar muriendo de hambre sin tener dónde comprar. Con ese dinero habría comprado a algunas personas para quedar en libertad.

---

[187] *Ducados:* moneda antigua de cierto valor.

Don Quijote pasó al siguiente galeote y le preguntó su delito.

—Yo me burlé[188] demasiado con varias mujeres y creció la familia. Se probó todo, no tuve ayuda y me mandaron seis años a galeras.

Al final, venía un hombre de buen parecer. Tenía unos treinta años y era bizco.[189] Estaba atado con más cadenas que los otros. Don Quijote preguntó por qué llevaba tantas cadenas. El guardia le respondió que tenía más delitos que todos los demás.

—¿Qué delitos tiene si sólo lo llevan a galeras? —dijo don Quijote.

—Va por diez años, que es lo mismo que la muerte —replicó el guardia—. Este hombre es el famoso Ginés de Pasamonte.

—Señor caballero, si tiene algo que darnos, dénoslo ya. Si no, déjenos en paz —respondió Ginés—. Si quiere saber mi vida, soy Ginés de Pasamonte. Yo he escrito mi vida con estas manos.

—¿Es bueno su libro? —dijo don Quijote.

—Es tan bueno que mal año para *Lazarillo de Tormes*[190] —respondió Ginés.

—¿Y cómo se titula el libro? —preguntó don Quijote.

—*La vida de Ginés de Pasamonte* —respondió él mismo.

---

188 *Burlé:* en este caso, seduje con engaños a una mujer.

189 *Bizco:* que padece un problema en la visión que consiste en que la mirada o el movimiento de los ojos no van a la par.

190 *Lazarillo de Tormes:* es la primera novela picaresca española. Se publicó en 1554.

—¿Y está acabado? —preguntó don Quijote.

—¿Cómo puede estar acabado —respondió él—, si aún no está acabada mi vida?

Después, don Quijote dijo:

—Queridos hermanos, os han castigado por vuestras culpas. Pero sé que las penas que vais a sufrir no os gustan. Así que quiero rogar a vuestros guardianes que os dejen libres.

—¡Vaya tontería! Déjenos en paz, señor, y no busque tres pies al gato[191] —respondió el guardia.

—¡Vos[192] sois el gato y el bellaco![193] —respondió don Quijote.

Y diciendo esto, arremetió contra el guardia y lo dejó malherido. Tras el asombro* inicial, los demás guardias atacaron a don Quijote. Al tiempo, los galeotes intentaban liberarse y Sancho ayudó a Ginés de Pasamonte a soltarse de las cadenas. Éste, una vez liberado, cogió la escopeta del guardia malherido y el resto de guardias huyeron al verlo.

Sancho estaba preocupado por si los guardias avisaban a la Santa Hermandad. Así que rogó a don Quijote que se fuesen de allí y se escondiesen en la sierra.

—Está bien lo que dices. Pero antes tengo que hacer otra cosa —dijo don Quijote.

---

191 *No busque tres pies al gato:* no complique las cosas sin necesidad.

192 *Vos:* usted.

193 *Bellaco:* malo y poco honrado.

Entonces llamó a todos los galeotes y les dijo:

—De gente bien nacida es agradecer la ayuda que reciben. En pago del favor que os he hecho, iréis al Toboso a ver a la señora Dulcinea. Contadle esta famosa aventura.

Ginés de Pasamonte dijo:

—Lo que vuestra merced nos manda, señor libertador nuestro, es imposible. No podemos ir juntos por los caminos porque nos encontrarían.

Don Quijote se enfadó por la respuesta de Ginés y le dijo:

—Don hijo de puta,[194] don Ginesillo de Paropillo o como os llaméis. Irás tú solo con la cadena a cuestas.[195]

Pasamonte, que imaginaba que don Quijote estaba loco, comenzó a tirarle piedras. También le tiraban piedras los otros galeotes. Le dieron con tanta fuerza que cayó al suelo. Luego huyeron todos. Así quedaron solos burro y Rocinante, Sancho y don Quijote.

---

194 *Hijo de puta:* insulto que se aplica a una persona despreciable por su actitud o comportamiento.

195 *A cuestas:* sobre la espalda, encima.

CAPÍTULO XXI

Aventura de Sierra Morena[196]

◀17 Viéndose tan malherido, don Quijote dijo a su escudero:

—Siempre he oído, Sancho, que hacer bien a villanos[197] es echar agua en el mar.[198] Debí creer lo que me dijiste, pero ya está hecho. Paciencia y aprender de aquí en adelante.

—Pues créame ahora —respondió Sancho— y evitará otro daño mayor. Con la Santa Hermandad no hay caballeros andantes.

—Sancho, eres cobarde por naturaleza —dijo don Quijote—, pero por esta vez acepto tu consejo.

Subió don Quijote sobre su caballo y Sancho sobre su burro. Luego entraron en Sierra Morena. Sancho quería esconderse allí por si los buscaban para castigarles por liberar a los galeotes.

Cuando don Quijote entró por aquellas montañas, se le alegró el corazón. Pensaba que era un sitio ideal para encontrar aventuras.

---

196 *Sierra Morena:* cordillera del sur de España que separa la Mancha de Andalucía.

197 *Villanos:* que no son nobles o hidalgos; por lo general, campesinos o aldeanos.

198 *Echar agua en el mar:* frase hecha que significa que es inútil hacer algo, que no sirve de nada.

De repente don Quijote se paró. Intentaba levantar con la lanza algo que había en el suelo. Era un cojín[199] y una maleta.* Estaban medio podridos[200] y deshechos.[201] Don Quijote le pidió a Sancho que abriese la maleta.

Sancho la abrió con mucha rapidez. En la maleta había unas camisas, un pañuelo* y unos escudos de oro.[202]

Cuando Sancho los vio, dijo:

—¡Bendito sea todo el cielo,[203] por fin una aventura de provecho![204]

También encontró un librito de memoria.[205] Don Quijote le pidió el libro y mandó a Sancho que se quedase el dinero.

---

199 *Cojín:* almohada pequeña.

200 *Podridos:* descompuestos y destruidos por la putrefacción.

201 *Deshechos:* rotos, estropeados.

202 *Escudos de oro:* moneda antigua de oro.

203 *Bendito sea todo el cielo:* expresión exclamativa que se utiliza para manifestar sorpresa o alegría.

204 *De provecho:* que es útil o beneficiosa.

205 *Librito de memoria:* similar a una agenda actual, cuaderno de notas.

CAPÍTULO XXII

Penitencia[206] *de don Quijote*

Entraban los dos en lo más escarpado[207] de la montaña cuando Sancho dijo:

—Señor, ¿es buena regla de caballería andar perdidos por estas montañas?

—Cállate, Sancho. En estas montañas haré una hazaña que me dará eterna fama en toda la tierra —dijo don Quijote.

—Y ¿es muy peligrosa? —preguntó Sancho Panza.

—No, todo depende de ti —respondió el de la Triste Figura.

—¿De mí? —dijo Sancho.

—Sí, porque si vuelves rápido de donde pienso enviarte, pronto se acabará mi pena y empezará mi gloria —dijo don Quijote—. Sancho, quiero que sepas que el famoso Amadís de Gaula[208] fue el más perfecto* caballero andante. Yo quiero imitarle para alcanzar la

---

[206] *Penitencia:* pena o castigo que alguien debe cumplir.

[207] *Escarpado:* que tiene mucha pendiente.

[208] *Amadís de Gaula:* protagonista del libro de caballerías más importante de la literatura española.

perfección* de la orden de caballería. Este caballero mostró su valor cuando, despreciado de la señora Oriana, se retiró a hacer penitencia en la Peña Pobre. Éste es un buen lugar para hacer mi penitencia.

—Pero ¿qué quiere hacer vuestra merced en este lejano lugar? —dijo Sancho.

—Para imitar a Amadís me haré el desesperado —dijo don Quijote.

—Me parece que los caballeros que hacían eso tenían razones. Pero ¿qué causa tiene vuestra merced para volverse loco? —dijo Sancho.

—Ése es mi mérito. Volverse loco con causa es fácil, pero sin motivo tiene más valor —respondió don Quijote—. Loco soy y loco he de estar hasta que vuelvas con la respuesta a una carta que llevarás a Dulcinea.

Mientras hablaban llegaron al pie de una montaña. Por allí corría un pequeño arroyo. Todo a su alrededor era verde: árboles silvestres, plantas y flores hacían del lugar un sitio muy agradable.* Aquél fue el sitio que escogió el Caballero de la Triste Figura para hacer su penitencia.

—Sancho, te irás en tres días. Antes quiero que veas lo que hago por Dulcinea para que se lo digas. Voy a rasgar mi ropa, tirar las armas y darme cabezazos[209] por estas peñas —dijo don Quijote.

—Señor, le ruego que piense que han pasado ya los tres días. Yo doy por vistas todas sus locuras y diré maravillas a mi señora

---

[209] *Cabezazos:* golpes dados con la cabeza.

—respondió Sancho—. Y ahora escriba la carta para poder irme rápido, porque quiero que salga de este purgatorio.[210]

—Escribiré la carta en el librito que encontramos. Después harás que la copien en buen papel —dijo don Quijote.

—¿Y qué pasará con la firma? —preguntó Sancho.

—No te preocupes. Dulcinea no sabe escribir ni leer. Nunca ha visto una carta mía porque nuestro amor ha sido siempre platónico[211] —respondió don Quijote—. En doce años que la quiero no la he visto más de cuatro veces. Y es posible que ella no lo sepa, pues sus padres la han criado con mucho recato.[212] Sus padres son Lorenzo Corchuelo y Aldonza Nogales.

—¿Que la hija de Lorenzo Corchuelo es la señora Dulcinea del Toboso, llamada también Aldonza Lorenzo? —dijo Sancho.

—Ésa es —dijo don Quijote—. Y merece ser señora de todo el universo.

—Yo la conozco bien. Es una buena moza, de pelo en pecho.[213] Confieso, señor don Quijote, que pensaba que la señora Dulcinea era una princesa —dijo Sancho.

---

[210] *Purgatorio:* lugar donde las almas pagan por sus pecados antes de alcanzar el cielo y evitar las penas del infierno.

[211] *Amor … platónico:* amor ideal.

[212] *Recato:* pudor en la conducta o actitud, sobre todo de la mujer, para no parecer indecorosa o provocativa.

[213] *De pelo en pecho:* muy varonil.

—Pero para lo que yo quiero a Dulcinea del Toboso, vale tanto como la más alta princesa de la tierra —respondió don Quijote—. A mí me basta pensar que Aldonza Lorenzo es hermosa y honesta.[214]

—Tiene toda la razón —respondió Sancho.

Don Quijote sacó el libro de memoria y comenzó a escribir la carta.

Cuando acabó, llamó a Sancho para leérsela.

CARTA DE DON QUIJOTE A DULCINEA DEL TOBOSO

Soberana y alta señora:*

El herido por vuestra ausencia, dulcísima[215] *Dulcinea del Toboso, te envía la salud que no tiene. Si tu hermosura me desprecia, no podré soportar esta pena. Mi buen escudero te contará, ¡oh bella ingrata,*[216] *amada enemiga mía!, cómo estoy por tu culpa. Si quieres ayudarme, tuyo soy. Si no, haz lo que quieras. Con acabar con mi vida satisfaré*[217] *tu crueldad y mi deseo.*

Tuyo hasta la muerte,

El Caballero de la Triste Figura

—Por la vida de mi padre, es lo mejor que he oído nunca —dijo Sancho después de escuchar la carta.

---

214 *Honesta:* que tiene costumbres castas y decentes.
215 *Dulcísima:* superlativo de *dulce*.
216 *Ingrata:* que no agradece un favor recibido.
217 *Satisfaré:* futuro simple de *satisfacer*.

—Escribiré detrás —dijo don Quijote— una cédula* en la que mando a mi sobrina regalarte tres burros.

Después de escribirla, don Quijote se la leyó. Decía así:

> *Señora sobrina, dará a Sancho Panza, mi escudero, tres de los cinco burros que dejé en casa. Hecha en Sierra Morena, a veintidós de agosto de este presente año.*

—Bien está —dijo Sancho—. Ahora ensillaré a Rocinante para irme rápidamente, sin ver las tonterías que vuestra merced hará.

—Al menos —dijo don Quijote— quiero que me veas desnudo y hacer una o dos docenas de locuras.

—Por amor de Dios, señor mío —respondió Sancho—, que no vea yo desnudo a vuestra merced. Me dará mucha lástima y no podré dejar de llorar.

Con mucha prisa, don Quijote se desnudó y empezó a dar saltos. Se puso cabeza abajo y enseñó cosas que Sancho no quiso ver. Ya tenía pruebas para jurar que su señor estaba loco.

CAPÍTULO XXIII

Sancho lleva una carta a Dulcinea

◀18 Sancho salió al camino en dirección al Toboso. Iba un tanto confundido* con las tonterías de su señor. Al día siguiente llegó a la venta donde le mantearon.

No quiso entrar. Pero era la hora de comer, así que se acercó a la venta sin saber si entrar o no. Entonces salieron dos personas que lo conocieron. Eran el cura y el barbero de su pueblo.

El uno le dijo al otro:

—Señor licenciado,[218] ¿aquél no es Sancho Panza?

—Sí es —dijo el licenciado.

Los dos se acercaron a Sancho para preguntarle por don Quijote. El cura le dijo:

—Amigo Sancho Panza, ¿dónde está don Alonso?

Sancho Panza los conoció y decidió ocultar el lugar donde estaba su amo. Les dijo que estaba ocupado y que no les podía decir nada más.

---

[218] *Licenciado:* graduado en órdenes religiosas.

—Sancho Panza, si no nos dices dónde está, imaginaremos que lo habéis matado —dijo el barbero.

—No me amenace. Yo ni robo ni mato a nadie. Mi señor hace penitencia en mitad de esta montaña —respondió Sancho.

Y así les contó todo lo que les pasó. También les dijo que llevaba una carta para la señora Dulcinea del Toboso.

El cura y el barbero quedaron admirados de lo que Sancho Panza les contaba. Le pidieron que les enseñase la carta. Él dijo que iba escrita en un libro de memoria. Y que su señor le pidió que la pasase a limpio en el primer lugar al que llegase. El cura le dijo que se la enseñase y que él la copiaría con buena letra. Sancho metió la mano en el pecho para buscar el libro, pero no lo encontró. No lo podía encontrar porque el libro se quedó con don Quijote.

Cuando Sancho vio que no encontraba el libro, se quedó pálido. Luego, sin más ni más[219] se arrancó la mitad de las barbas y se dio una docena de bofetadas.[220] El cura y el barbero le preguntaron qué le pasaba.

—En un instante he perdido tres burros —respondió Sancho.

—¿Cómo es eso? —replicó el barbero.

—He perdido el libro —respondió Sancho— donde venía la carta para Dulcinea y una cédula para darme tres burros.

---

219 *Sin más ni más:* sin motivo o justificación aparente.

220 *Bofetadas:* golpes dados en la cara con la palma de la mano abierta.

El cura lo consoló y le dijo que haría a don Quijote cumplir su palabra. Con esto Sancho se tranquilizó. Además, no le daba pena la pérdida de la carta para Dulcinea, pues la sabía casi de memoria.

—Decidla, Sancho —dijo el barbero—, que después la escribiremos.

Sancho intentó recordar la carta. Unas veces miraba al suelo y otras al cielo para conseguir recordarla. Después de un rato, dijo:

—Señor licenciado, no me acuerdo bien. Al principio decía: «Alta y sobada[221] señora».

—No diría *sobada*, sino *sobrehumana* o *soberana* —dijo el barbero.

—Así es —dijo Sancho—. Luego seguía: «el herido besa a vuestra merced las manos, ingrata y muy desconocida hermosa». Y después no sé qué de salud y de enfermedad que le enviaba. Finalmente acababa: «Vuestro hasta la muerte, el Caballero de la Triste Figura».

Al cura y al barbero les hizo mucha gracia la memoria de Sancho. Le pidieron que dijese la carta otras dos veces. Después de comer, el cura pensó un plan para llevar a don Quijote a casa. Le dijo al barbero que se vestiría de doncella y él de escudero. Así irían a buscarlo. El cura fingiría ser una doncella afligida.[222] Le pediría a don Quijote que fuese con ella para deshacer un agravio que un caballero le hizo.

---

221 *Sobada:* que está desgastada por el uso; muy usada.
222 *Afligida:* triste.

CAPÍTULO XXIV

Burla del cura y el barbero a don Quijote

No le pareció mal al barbero la idea del cura. Así que la pusieron en práctica. Le pidieron a la ventera una saya[223] y unas tocas.[224] El barbero hizo una gran barba de una cola de buey.[225] La ventera les preguntó para qué querían esas cosas. Y el cura le contó la locura de don Quijote y que el disfraz[226] era para sacarle de la montaña.

Luego, se despidieron todos y se marcharon. Pero el cura pensó que estaba mal que un sacerdote se vistiese de mujer. Así que le pidió al barbero que se cambiasen el disfraz.

Al día siguiente llegaron al lugar donde Sancho había dejado unas ramas para encontrar a su señor. Sancho entró a buscar a don Quijote. Mientras, el cura y el barbero se quedaron a esperarlo cerca de un pequeño arroyo.

Entonces, una triste voz llegó a sus oídos:

---

223 *Saya:* falda.

224 *Tocas:* prendas para cubrir la cabeza.

225 *Buey:* toro castrado que se utiliza en el campo.

226 *Disfraz:* vestido que sirve para ocultar la identidad. Suele utilizarse en algunas fiestas.

—¡Ay Dios! ¿Será posible que pueda esconderme en este lugar?

Estas palabras oyeron el cura y el barbero, y decidieron buscar a su dueño. Detrás de un peñasco[227] vieron a un mozo vestido de labrador que se lavaba los pies en el arroyo. Sus pies parecían dos pedazos blancos de cristal. Sus piernas parecían de blanco alabastro.[228] Después, se secó los pies y alzó el rostro. Era de una hermosura incomparable.[229] Sus cabellos* eran dorados* como el sol. Entonces descubrieron que el labrador era una mujer delicada. Era la más hermosa que sus ojos habían visto. Se llamaba Dorotea.

Salieron de su escondite[230] para averiguar quién era. Cuando ella los vio, intentó huir, pero cayó al suelo. Fueron a recogerla y el cura le dijo:

—Deteneos, señora, que nuestra intención es la de ayudaros.

---

227 *Peñasco:* roca de gran tamaño.

228 *Blanco alabastro:* blanco muy puro.

229 *Incomparable:* que no tiene comparación porque es único o extraordinario.

230 *Escondite:* lugar adecuado para esconderse o para guardar algo y que no lo encuentre nadie.

CAPÍTULO XXV

Princesa Micomicona

◀19 Entonces oyeron voces y supieron que era Sancho Panza. Salieron a su encuentro y le preguntaron por don Quijote. Sancho les dijo que estaba desnudo, flaco, amarillo y muerto de hambre. Y que suspiraba por su señora Dulcinea.

El cura y el barbero le contaron a Dorotea la idea que tenían para llevar a don Quijote a casa. Dorotea les dijo que ella haría de doncella mejor que el barbero. Además, ella había leído muchos libros de caballerías y sabía bien el estilo de las doncellas desgraciadas. Dorotea sacó un vestido y joyas* para parecer una rica y gran señora.

Sancho preguntó al cura quién era aquella hermosa señora.

—Esta hermosa señora es la princesa Micomicona. Quiere pedir a vuestro señor que mate a un gigante —dijo el cura.

Dorotea subió sobre la mula del cura y el barbero se colocó la barba. Dijeron a Sancho que los guiase donde estaba su amo. Poco después lo encontraron entre unas peñas. Estaba vestido, pero no armado. Cuando Dorotea lo vio, fue hacia él y se puso de rodillas. Don Quijote intentaba levantarla, pero ella no quiso levantarse y le dijo:

—De aquí no me levantaré, ¡oh valiente caballero!, hasta que me hagáis un favor.

—No os responderé, hermosa señora, hasta que os levantéis del suelo —respondió don Quijote.

—No me levantaré, señor, si no me hacéis el favor que os pido —respondió la afligida doncella.

—Yo os lo concedo —respondió don Quijote— siempre y cuando no dañe a mi rey ni a aquella que tiene la llave de mi corazón.

Entonces llegó Sancho Panza y le dijo a su señor al oído:

—Señor, concédale el favor que pide la princesa Micomicona. Sólo es matar a un gigante.

Don Quijote se volvió a la doncella y le dijo:

—Hermosa señora, levántese, que yo le otorgo el favor que me pide.

—Le pido que venga conmigo. Prométame que no empezará ninguna aventura hasta vengarme de un traidor[231] que me ha robado mi reino —dijo la doncella.

—Así lo otorgo. Pronto recuperaréis vuestro reino con la ayuda de Dios y de mi brazo —respondió don Quijote—. Y vámonos, que en la tardanza[232] dicen que está el peligro.

Y así, todos empezaron el viaje de vuelta.

---

[231] *Traidor:* que perjudica o engaña a otro a quien debería obedecer y respetar.

[232] *Tardanza:* retraso, demora.

CAPÍTULO XXVI

Respuesta de Dulcinea

◄20 Mientras caminaban, Dorotea contó su fingida[233] historia: la de buscar un caballero andante para salvar su reino. Así contó que su padre le dijo que este caballero era alto, seco de rostro y con un lunar en el hombro izquierdo.

Al oír esto, don Quijote le dijo a Sancho:

—Sancho, ayúdame a desnudarme. Quiero ver si soy el caballero que aquel sabio rey predijo.

—¿Para qué quiere vuestra merced desnudarse? —dijo Dorotea.

—Para ver si tengo ese lunar que vuestro padre dijo —respondió don Quijote.

—No es necesario —dijo Sancho—. Yo sé que lo tiene.

—Eso es suficiente —dijo Dorotea—. Mi suerte ha sido muy buena. He encontrado al caballero que dijo mi padre. Ahora matará al gigante y, si quiere, podrá casarse conmigo.

---

[233] *Fingida:* inventada.

—¿Qué te parece, Sancho amigo? —dijo don Quijote—. Ya tenemos reino que mandar y reina con quien casar.

Sancho dio saltos de alegría y besó las manos de Dorotea en señal de que la recibía por reina y señora. Pero, entonces, don Quijote dijo:

—Después de matar al gigante, podréis hacer lo que queráis, princesa. Pues, mientras yo tenga ocupada la memoria y cautiva la voluntad con aquélla…, no me casaré.

A Sancho le pareció muy mal lo que dijo el caballero y, levantando la voz, dijo:

—Señor don Quijote, no tiene vuestra merced sano juicio. ¿Es, por casualidad, más hermosa mi señora Dulcinea? No, ni la mitad. Cásese, cásese y hágame marqués.

Don Quijote, al oír hablar así contra su señora Dulcinea, se enfadó y le golpeó con la lanza. Sancho se colocó detrás de Dorotea y desde allí dijo:

—Cásese con esta reina y después puede volver con mi señora Dulcinea. Sobre la hermosura no me meto porque no he visto nunca a la señora Dulcinea.

—¿Cómo que no la has visto? —dijo don Quijote.

—Digo que no la he visto tan despacio —dijo Sancho— para fijarme en su hermosura. Pero, en general, me parece bien.

—Ahora te disculpo —dijo don Quijote—. Por cierto, desde que viniste no he podido preguntarte por lo que pasó con Dulcinea. ¿Dónde, cómo y cuándo la encontraste? ¿Qué hacía? ¿Qué le dijiste?

¿Qué te respondió? ¿Qué cara puso cuando leyó mi carta? ¿Quién te la pasó a limpio?

—Señor, la carta no me la pasó a limpio nadie porque no me la llevé —respondió Sancho.

—Así es, porque el libro lo encontré a los dos días de tu partida —dijo don Quijote.

—Pero yo la memoricé[234] cuando vuestra merced me la leyó. Después se la dije a un cura y me la pasó a limpio —respondió Sancho.

—Todo eso me contenta. Cuéntame más —dijo don Quijote—. ¿Qué hacía aquella reina de la hermosura?

—Limpiaba trigo* en un corral de su casa —respondió Sancho.

—Tocados de sus manos, serían granos de perlas. ¿Qué hizo cuando le diste mi carta? —preguntó don Quijote.

—Me dijo que la pusiese sobre un saco. No podía leerla hasta que acabase de cribar[235] —dijo Sancho.

—¡Discreta señora! Eso fue por leerla despacio —dijo don Quijote—. ¿Qué te preguntó de mí?

—Ella no me preguntó nada. Pero yo le dije que vuestra merced hacía penitencia, desnudo, durmiendo en el suelo y sin comer —dijo Sancho.

—No me negarás, Sancho, que huele a perfumes* aromáticos.[236]

---

[234] *Memoricé:* aprendí de memoria.

[235] *Cribar:* separar las semillas de la tierra o de lo que no sirve.

[236] *Aromático:* que tiene un olor agradable.

—Lo que sé decir —dijo Sancho— es que sentí un olorcillo[237] hombruno[238] que venía de ella. Con el ejercicio, estaba sudada.

—No sería eso —respondió don Quijote—. Te olerías a ti mismo. Yo sé bien a qué huele aquella rosa entre espinas,* aquel lirio[239] del campo. Después de limpiar el trigo, ¿qué hizo cuando leyó la carta?

—La carta no la leyó porque dijo que no sabía leer ni escribir. La rompió para que no la leyera nadie. Dijo que era suficiente lo que yo le conté sobre el amor que vuestra merced le tiene —dijo Sancho—. Finalmente, me dijo que le besase las manos y que estaba deseosa de verlo. También me dijo que salga de estas montañas y vaya al Toboso para verla.

—¿Sabes de qué estoy maravillado,* Sancho? Parece que fuiste y viniste por los aires. Sólo has tardado tres días en ir y venir. Algún encantador amigo mío debió de ayudarte a caminar tan rápido —dijo don Quijote.

Entonces, el barbero dijo que esperasen un poco. Querían parar a comer.

Don Quijote paró. Sancho paró también con mucho gusto. Ya estaba cansado de mentir. Además, temía que don Quijote le descubriese. Porque la verdad es que no había visto a Dulcinea en toda su vida.

---

237 *Olorcillo:* diminutivo de *olor*.
238 *Hombruno:* propio de los hombres.
239 *Lirio:* flor blanca o morada conocida por su belleza.

CAPÍTULO XXVII

Aventura de los cueros de vino[240]

◄21 Terminaron de comer y continuaron el camino. Al día siguiente llegaron a la venta del manteamiento. Sancho no quería entrar, pero no pudo evitarlo.

La ventera, el ventero, su hija y Maritornes salieron a recibir a don Quijote y a Sancho con mucha alegría. Don Quijote los saludó y les dijo que le preparasen mejor cama que la otra vez. La ventera le dijo que si la pagaba, le darían una cama de príncipe. Don Quijote dijo que sí la pagaría. Así que le prepararon una cama en la misma habitación de la otra vez.

Don Quijote se acostó porque estaba muy cansado. Los demás se quedaron leyendo en voz alta la novela de *El curioso impertinente*.[241]

Poco después, salió Sancho Panza muy alborotado de la habitación de don Quijote. Decía a voces:

---

[240] *Cueros de vino:* recipientes hechos con piel de animal que sirven para guardar vino.

[241] *Novela de El curioso impertinente:* novela corta incluida en el *Quijote* que trata sobre los riesgos de poner a prueba la fidelidad de una esposa.

—Señores, corred, ayudad a mi señor. Ha dado una cuchillada al gigante enemigo de la princesa Micomicona. Le ha cortado la cabeza como si fuera un nabo.[242]

Entonces, oyeron mucho ruido en la habitación y don Quijote gritaba:

—¡Espera, ladrón, que aquí te tengo, y no será suficiente tu espada!

Y parecía que daba grandes cuchilladas por las paredes. Sancho dijo:

—No se queden parados, entren a ayudar a mi señor. Aunque no hará falta, porque el gigante ya está muerto. Yo vi correr la sangre por el suelo. Y la cabeza cortada, tan grande como un cuero de vino.

—Seguro que don Quijote, o don diablo —dijo el ventero—, ha dado una cuchillada en algún cuero de vino tinto que hay en la habitación. Y el vino derramado es lo que te parece sangre.

Entró enseguida en la habitación y vio a don Quijote en camisa. Sus piernas eran muy largas y flacas, llenas de vello[243] y nada limpias. Tenía un gorrito[244] rojo y grasiento[245] en la cabeza. En el brazo izquierdo tenía la manta de la cama y en la derecha la espada. Don Quijote daba cuchilladas a todas partes y decía cosas como si

---

242 *Nabo:* raíz comestible de la planta del mismo nombre, de color blanco y de forma alargada.

243 *Vello:* pelo corto y suave que hay en algunas partes del cuerpo humano.

244 *Gorrito:* diminutivo de *gorro*. Prenda de distintos materiales que sirve para cubrir la cabeza.

245 *Grasiento:* que está sucio o manchado de grasa.

verdaderamente peleara con un gigante. Además, no tenía los ojos abiertos, porque dormía y soñaba que peleaba con el gigante. Dio tantas cuchilladas a los cueros que toda la habitación estaba llena de vino. El ventero se enfadó mucho y comenzó a golpear a don Quijote. Entonces, el barbero trajo un cubo de agua fría y se la echó a don Quijote. Por fin, despertó.

Sancho buscaba la cabeza del gigante y, como no la encontraba, dijo:

—Todo lo que pasa en esta venta es encantamiento. La otra vez me dieron muchos golpes en esta habitación sin saber quién me los daba. Y ahora no aparece la cabeza que yo vi cortar con mis propios ojos. Además, salía sangre como de una fuente.

—¿Qué sangre, enemigo de Dios? ¿No ves que la sangre es el vino tinto que estaba en los cueros? —dijo el ventero.

El cura cogió a don Quijote de las manos. Don Quijote creyó que la aventura había acabado. Así que se puso de rodillas delante del cura y dijo:

—Alta y famosa señora, ya puede vivir segura. Y yo también, pues ya he cumplido con el favor que me pidió.

Todos, menos el ventero, se reían con los disparates de amo y escudero. El barbero y el cura consiguieron meter a don Quijote en la cama. Volvió a dormirse porque estaba muy cansado. Luego fueron a terminar la lectura de la novela.

CAPÍTULO XXVIII

Baciyelmo

Mientras estaban todos en la venta, llegaron muchos viajeros a ella. Entre ellos, vino el barbero de la bacía. Reconoció a Sancho y le dijo:

—¡Ah, don ladrón! ¡Devuélveme mi bacía!

Sancho le dio un golpe al barbero y la boca se le llenó de sangre. El barbero seguía gritando y llamando ladrón a Sancho.

—Mentís —respondió Sancho—. Mi señor ganó esta bacía justamente.

Al oír los gritos, salieron todos lo que estaban en la venta. Don Quijote decía que la bacía era el yelmo de Mambrino y el barbero que era una bacía.

—Sancho, muestra el yelmo —dijo don Quijote.

Sancho cogió la bacía y se la dio a su amo.

—Miren todos el yelmo de Mambrino —dijo don Quijote.

Entre todos los presentes se formó un tribunal para decidir si la bacía era un yelmo o no. No se ponían de acuerdo y, al final, acabaron peleándose todos. De repente, don Quijote gritó:

—¡Parad todos! ¡Oídme si queréis conservar la vida!

Todos pararon y el hidalgo dijo:

—Este castillo está encantado, por eso nos peleamos. Pero está mal que gente importante pelee por tonterías.

Finalmente, todos se tranquilizaron e hicieron las paces.[246] Sancho Panza, harto* de tantos desvaríos,[247] puso el nombre de *baciyelmo*[248] al objeto.

[246] *Hicieron las paces:* volvieron a ser amigos tras una etapa de enemistad.
[247] *Desvaríos:* locuras.
[248] *Baciyelmo:* palabra inventada por Sancho uniendo bacía y yelmo.

CAPÍTULO XXIX

Enjaulamiento[249] *de don Quijote*

◄22 Dos días después, decidieron seguir su camino. El cura y el barbero inventaron un plan para llevar a don Quijote a su casa. Hicieron una jaula[250] y contrataron a un carretero[251] de bueyes para llevar a don Quijote enjaulado.

Se disfrazaron y entraron en silencio a la habitación donde dormía el hidalgo. Le ataron las manos y los pies. Cuando despertó, no pudo moverse y se sorprendió mucho. Creyó que eran fantasmas de aquel castillo encantado. También pensó que él estaba encantado porque no se podía mover ni defender. Sancho, aunque empezaba a tener la enfermedad de su amo, reconoció a los secuestradores.[252] Pero no dijo nada hasta ver qué pasaba. Los demás trajeron la jaula y encerraron a don Quijote dentro. Luego cogieron la jaula y salieron de la habitación.

Entonces, el barbero dijo con una voz que daba miedo:

---

249 *Enjaulamiento:* acción de enjaular, de encerrar a alguien o algo en una jaula.

250 *Jaula:* objeto similar a una caja que sirve para transportar animales. Está hecha con barrotes algo separados para que entre la luz y el aire.

251 *Carretero:* persona que conduce un carro.

252 *Secuestradores:* personas que retienen a otra u otras contra su voluntad.

—¡Oh Caballero de la Triste Figura! No sufras por la prisión en la que vas. Se necesita para acabar rápido esta aventura.

Luego, cogieron la jaula y la pusieron en el carro de los bueyes. Cuando don Quijote se vio enjaulado y encima del carro, dijo:

—He leído muchas historias de caballeros andantes. Pero nunca he oído que a los caballeros encantados los lleven así. Quizá la caballería y los encantamientos de esta época son diferentes a los antiguos. ¿Tú que crees, Sancho, hijo?

—No lo sé, porque no soy un experto* en esas historias. Pero yo creo que estos fantasmas no son muy católicos[253] —respondió Sancho.

—¿Católicos? ¿Cómo van a ser católicos si son demonios? Tócalos y verás como no tienen cuerpo —respondió don Quijote.

—Por Dios, ya los he tocado y este diablo está bien gordito.[254] Además, dicen que los demonios huelen a azufre,[255] pero éste huele a ámbar[256] —dijo Sancho.

Don Quijote iba sentado en la jaula. Estaba arrimado[257] a los barrotes.[258] Como no se movía, parecía una estatua* de piedra. Así comenzaron el camino de vuelta a casa.

---

[253] *No son muy católicos:* no son muy normales.

[254] *Gordito:* diminutivo de *gordo*.

[255] *Azufre:* elemento químico muy abundante en la corteza terrestre. En algunas supersticiones, su olor se relaciona con el diablo.

[256] *Ámbar:* sustancia de color amarillo de fuerte y agradable aroma. Se usa para hacer perfumes.

[257] *Arrimado:* próximo o cercano.

[258] *Barrotes:* barras gruesas de hierro o madera que sirven para reforzar o cerrar objetos.

Un rato después, llegaron a un valle y pararon a descansar. Entonces, Sancho se acercó a la jaula donde iba su amo y le dijo:

—Señor, estos dos que llevan cubierta la cara son el cura y el barbero de nuestro pueblo. Imagino que le han enjaulado porque tienen envidia* de sus famosos hechos. Yo creo que no está encantado. Como prueba, le quiero preguntar una cosa. Ya verá como no va encantado, sino engañado.

—Pregunta lo que quieras, Sancho, que yo te responderé —dijo don Quijote—. Pero ésos que dices que son el cura y el barbero, te equivocas. Puede parecerlo, pero no lo son de ninguna manera. Los que me han encantado habrán tomado esa apariencia para confundirte.

—¿Es posible que sea vuestra merced tan duro de cerebro? Es verdad lo que le digo. Se lo voy a demostrar. Quiero saber si desde que está enjaulado ha tenido ganas de hacer aguas mayores o menores[259] —replicó Sancho.

—Muchas veces, incluso ahora —respondió don Quijote.

—¡Ah, lo ve! —dijo Sancho—. Se dice que cuando una persona está encantada ni come, ni bebe, ni duerme. Por tanto, los que no comen, ni beben, ni duermen no hacen las obras naturales que yo digo, porque están encantados. Pero los que tienen gana como vuestra merced, y beben y comen y responden a las preguntas no están encantados.

---

[259] *Hacer aguas mayores o menores:* defecar u orinar.

—Dices la verdad, Sancho. Pero ya te he dicho que hay muchos tipos de encantamientos —respondió don Quijote.

—Pruebe a salir de esta cárcel y a subir sobre Rocinante. Iremos a buscar más aventuras. Y si no es posible, siempre hay tiempo para volver a la jaula. Le prometo que me encerraré con vuestra merced si no tengo razón —replicó Sancho.

—Me parece bien lo que dices, Sancho hermano —replicó don Quijote—. Pero verás como te engañas.

Sancho rogó al cura que dejasen salir a su señor de la jaula. Así podría hacer sus necesidades.[260] Al cura le pareció bien, pero le preocupaba que don Quijote se escapase.

—Yo me hago responsable —respondió Sancho.

—Además, el que está encantado como yo no tiene libertad para hacer lo que quiera —respondió don Quijote.

Decidieron sacarle de la jaula y dejarle libre un rato. Y don Quijote se alegró mucho.

260 *Hacer sus necesidades:* expulsar la orina o los excrementos del cuerpo.

CAPÍTULO XXX

Aventura de los disciplinantes[261]

Aquel año no llovía. Así que en todos los pueblos hacían procesiones[262] para rogar a Dios que lloviese. La gente de un pueblo cercano iba en procesión a una ermita[263] que estaba en el valle. Don Quijote vio los extraños trajes de los disciplinantes e imaginó que era una aventura. Además, llevaban una imagen de luto y don Quijote pensó que era una señora secuestrada por unos demonios. Subió sobre Rocinante, pidió a Sancho su espada y dijo:

—Valerosa compañía, veréis lo importante que son los caballeros andantes en el mundo. Voy a liberar a aquella buena señora que va cautiva.

Y, a todo galope,[264] fue hacia la procesión.

—¿Adónde va, señor don Quijote? —dijo Sancho—. ¿Qué demonios tiene en el pecho que le hacen ir contra nuestra fe católica? Aquello es una procesión y aquella señora es la imagen de la Virgen.

---

[261] *Disciplinantes:* personas que hacen penitencia.

[262] *Procesiones:* marchas de personas que caminan con fines religiosos, funerarios o de otros tipos.

[263] *Ermita:* iglesia pequeña situada generalmente en zona despoblada.

[264] *A todo galope:* marcha más rápida del caballo; corriendo.

Don Quijote iba tan obsesionado por liberar a la señora que no oyó palabra. Llegó a la procesión, paró a Rocinante y dijo con voz ronca:*

—Vosotros que cubrís vuestros rostros, escuchadme.

Los disciplinantes se detuvieron y uno de los clérigos[265] dijo:

—Señor hermano, si nos quiere decir algo, dígalo rápido.

—Dejad libre a esta hermosa señora. Sus lágrimas y su triste rostro son claras muestras de que va contra su voluntad —dijo don Quijote.

Por estas palabras, todos entendieron que estaba loco y empezaron a reírse. Don Quijote se enfadó mucho. Sacó la espada y fue hacia los que llevaban la imagen. Uno de ellos dejó la carga y cogió un bastón* para atacar al hidalgo. Don Quijote lo partió por la mitad. Pero el disciplinante le golpeó con uno de los trozos y don Quijote cayó al suelo muy malherido.

Sancho Panza corrió a buscar a su amo gritando:

—No le den otro palo, porque es un caballero encantado y no ha hecho mal a nadie en toda su vida.

El disciplinante paró porque don Quijote no movía ni pie ni mano. Como creyó que le había matado, huyó por el campo muy deprisa. Sancho lloraba sobre el cuerpo de su señor porque también creía que estaba muerto. Con lágrimas en los ojos, decía:

---

[265] *Clérigos:* curas, sacerdotes.

—¡Oh flor de la caballería, con solo un garrotazo[266] acabaste con la carrera de tus años! ¡Oh honor y gloria de toda la Mancha y de todo el mundo!

Con las voces y gemidos[267] de Sancho revivió don Quijote, y la primera palabra que dijo fue:

—El que de vos vive ausente,[268] dulcísima Dulcinea, está sujeto a mayores miserias que éstas. Ayúdame, Sancho amigo, a ponerme en el carro encantado. Tengo el hombro hecho pedazos.

—Eso haré de muy buena gana, señor mío. Volvamos a la aldea y allí prepararemos otra salida de más provecho y fama —respondió Sancho.

—Bien dices, Sancho —respondió don Quijote.

---

[266] *Garrotazo:* golpe fuerte dado con un garrote o palo.

[267] *Gemidos:* sonidos que expresan dolor o pena.

[268] *Ausente:* que falta o no está en cierto lugar.

CAPÍTULO XXXI

Don Quijote vuelve a casa

◂23 El carretero preparó el carro y colocó a don Quijote en la jaula. Después siguieron el camino a casa. A los seis días llegaron a la aldea de don Quijote.

Era domingo y estaba la gente en la plaza. Todos fueron a ver lo que había en el carro. Se quedaron asombrados[269] cuando vieron a don Quijote dentro. Un muchacho corrió a avisar a la criada y a la sobrina de don Quijote. Las dos empezaron a gritar y a maldecir los libros de caballerías cuando vieron entrar a don Quijote. También fue la mujer de Sancho Panza. Lo primero que le preguntó fue si estaba bien el burro. Sancho le dijo que estaba mejor que su amo.

—Gracias, Dios mío. Pero cuéntame. ¿Qué has ganado? ¿Traes vestidos o zapatos? —replicó ella.

—No traigo nada de eso, mujer mía, pero traigo otras cosas más importantes —dijo Sancho.

---

[269] *Asombrados:* sorprendidos.

Mientras Sancho Panza y su mujer, Juana Panza, tenían esta conversación, la criada y la sobrina de don Quijote lo desnudaron y lo metieron en su antigua cama.

Don Quijote no sabía dónde estaba. El cura le dijo a la sobrina que cuidase mucho a su tío y que estuviera atenta para que no se escapase de nuevo.

La fama ha guardado en las leyendas de la Mancha que don Quijote salió de su casa por tercera vez. Se dice que fue a Zaragoza[270] para participar en unas famosas justas.[271]

---

270 *Zaragoza:* ciudad española, capital de Aragón.

271 *Justas:* competiciones en las que los caballeros mostraban su habilidad con las armas.

Responde a las siguientes cuestiones:

1. ¿Cuál es el verdadero nombre de don Quijote?
2. ¿Qué es un caballero andante?
3. ¿Quién es Rocinante?
4. ¿Quién es realmente Dulcinea del Toboso?
5. ¿Cuál era la mayor preocupación de don Quijote la primera vez que salió de su pueblo?
6. ¿En qué consiste «velar las armas»?
7. ¿Qué hicieron los amigos de don Quijote para curar su locura?
8. ¿Quién era el compañero de don Quijote en su segunda salida?
9. ¿Qué le prometió don Quijote a Sancho Panza como recompensa por ser su escudero?
10. ¿Con qué confundió don Quijote los molinos de viento?
11. ¿Quién es Cide Hamete Benengeli?
12. ¿Para qué sirve el bálsamo de Fierabrás?
13. ¿Por qué confunde don Quijote todo lo que ve?
14. ¿Por qué don Quijote cree que los rebaños son ejércitos?
15. ¿Por qué Rocinante no podía moverse durante la aventura de los batanes?
16. ¿Qué es el yelmo de Mambrino?
17. ¿Dónde iban los galeotes? ¿Por qué?
18. ¿Por qué hace don Quijote penitencia?
19. ¿Qué pasó con la carta a Dulcinea?
20. ¿Qué le pide la princesa Micomicona a don Quijote?

¿Verdadero o falso?:

21. Alonso Quijano vivía con su hermana y una criada.
22. Alonso Quijano era muy aficionado a la caza.
23. La armadura de don Quijote se la prestaron unos amigos.
24. Don Quijote creyó que el sabio Frestón robó su biblioteca.
25. Sancho Panza acompañó a don Quijote a pie durante su segunda salida.
26. Maritornes era la hija del ventero.
27. Los galeotes le agradecieron a don Quijote su liberación.
28. Aldonza Lorenzo no sabía leer ni escribir.
29. Sancho Panza vio muchas veces a Dulcinea del Toboso.
30. Don Quijote y Sancho Panza regresaron a su casa un domingo.

Lee el siguiente texto y subraya las ideas principales:

Pasaron quince días en los que el hidalgo estuvo tranquilo. En este tiempo, don Quijote pidió a un labrador vecino suyo que fuese su escudero. Era un hombre de bien —si es que este título se puede dar al que es pobre—, pero de muy poca sal en la mollera. Le prometió que le haría gobernador de una ínsula. Y con ello y otras cosas, Sancho Panza, que así se llamaba el hombre, dejó a su mujer e hijos y se hizo escudero de su vecino.

Relaciona cada palabra o expresión con su definición:

Nº	Palabra/expresión	Opción	Definición
1	A todo galope	A	Mozo de compañía al servicio de un señor.
2	Arriero	B	Dar la razón.
3	Rebaño	C	Posada que estaba cerca de un camino.
4	Cuero de vino	D	Muy rápido, corriendo.
5	Venta	E	Conjunto de animales.
6	Galeras	F	Persona que transporta mercancías utilizando animales de carga.
7	Sueldo	G	Barco con velas y remos donde solían remar los condenados.
8	Escudero	H	Recipiente hecho con piel de animal que sirve para guardar vino.
9	Seguir la corriente	I	Salario que recibe una persona por su trabajo.

Tacha la palabra que no guarde relación con el significado de las demás:

a) Escudo, armadura, molino, lanza, casco.

b) Bofetada, bellaco, cuchillada, cabezazo, garrotazo.

c) Encantador, encantamiento, mágico, endiablado, candil.

d) Cocido, lentejas, torreznos, bacalao, azufre.

e) Biblioteca, libro, cuadrillero, cartapacio, novela.

Agrupa las palabras listadas a continuación con cada una de las siguientes categorías:

Alcaide, avellanado, barbero, bisabuelo, bizco, brazo, buey, burro, carretero, clérigo, costilla, cuadrillero, flaco, gordito, hermano, hijo, hombro, mano, mula, oveja, padre, palomino, pierna, sobrina, tuerta.

Familia	Partes del cuerpo	Oficios	Animales	Características físicas

› Completa los textos siguientes con las expresiones que aparecen en el recuadro:

Texto 1:

En un .... de la Mancha, de cuyo .... no quiero acordarme, no .... mucho tiempo .... un hidalgo. Vivían con él su sobrina y una ....

criada / nombre / lugar / hace / vivía

Texto 2:

Al día siguiente, el .... se acercó a don Quijote con un .... de cuentas. Iba acompañado de un muchacho y de las dos .... El ventero .... a don Quijote que se arrodillase. Mientras fingía decir una ...., dio dos golpes a don Quijote con la .... Luego ordenó a una de las damas que le .... la espada, lo que hizo con mucha .... sin reírse.

mozas / oración / discreción / libro espada / pidió / ventero / ciñese

Texto 3:

No te preocupes. Dulcinea no sabe escribir ni .... Nunca ha visto una .... mía porque nuestro .... ha sido siempre platónico —respondió don Quijote—. En doce .... que la quiero no la he visto .... de cuatro veces. Y es posible que .... no lo sepa, pues sus .... la han criado con mucho recato.

más / amor / leer / años / carta / ella / padres

Relaciona cada palabra de la columna izquierda con los sinónimos y antónimos que le correspondan en la columna derecha:

Lista de palabras	Sinónimos y antónimos
hermosura, caritativa, ínsula, desventura, alabar, melancólico, cobarde, desleal, disparate	generosa, desgracia, belleza, triste, valiente, traidor, insultar, desvarío, fealdad, isla, alegre, egoísta, suerte, elogiar, leal, acierto

Respuestas al cuestionario:

1. Alonso Quijano.
2. El protagonista de los libros de caballerías. Andaba por el mundo buscando aventuras y solía luchar contra gigantes y pelear con otros caballeros.
3. El caballo de don Quijote.
4. Una labradora llamada Aldonza Lorenzo.
5. Que no había sido armado caballero andante.
6. En que los soldados vigilan sus armas durante la noche.
7. Quemaron los libros de Alonso Quijano y tapiaron la biblioteca.
8. Sancho Panza.
9. El gobierno de una ínsula.
10. Con gigantes.
11. El autor imaginario de la supuesta versión original del *Quijote*, en árabe, inventado por Cervantes para imitar burlescamente la tradición caballeresca.
12. Para curar las heridas que los caballeros andantes sufren en las batallas.
13. Porque su imaginación está llena de las fantasías que ha leído en los libros de caballerías.
14. Porque no puede verlos por el polvo que levantan.
15. Porque Sancho Panza le ató las patas.
16. La bacía de un barbero.
17. A cumplir condena en las galeras del rey, por haber cometido delitos.
18. Para imitar a Amadís de Gaula.
19. Que Sancho olvidó cogerla y nunca se la entregó a Dulcinea.
20. Que le acompañe a su reino para matar a un gigante.

¿Verdadero o falso?:

21. Falso.
22. Verdadero.
23. Falso.
24. Verdadero.
25. Falso.
26. Falso.
27. Falso.
28. Verdadero.
29. Falso.
30. Verdadero.

Ideas principales:

Pasaron quince días en los que el hidalgo estuvo tranquilo. En este tiempo, don Quijote pidió a un labrador vecino suyo que fuese su escudero. Era un hombre de bien —si es que este título se puede dar al que es pobre—, pero de muy poca sal en la mollera. Le prometió que le haría gobernador de una ínsula. Y con ello y otras cosas, Sancho Panza, que así se llamaba el hombre, dejó a su mujer e hijos y se hizo escudero de su vecino.

Palabras y definiciones:

1D, 2F, 3E, 4H, 5C, 6G, 7I, 8A, 9B.

Palabras que no guardan relación con las demás:

a) molino, b) bellaco, c) candil, d) azufre, e) cuadrillero

Palabras agrupadas por categorías:

Familia	Partes del cuerpo	Oficios	Animales	Características físicas
Bisabuelo Hermano Hijo Padre Sobrina	Brazo Costilla Hombro Mano Pierna	Alcaide Barbero Carretero Clérigo Cuadrillero	Buey Burro Mula Oveja Palomino	Avellanado Bizco Flaco Gordito Tuerta

Soluciones a los textos con huecos:

Texto 1:

En un lugar de la Mancha, de cuyo nombre no quiero acordarme, no hace mucho tiempo vivía un hidalgo. Vivían con él su sobrina y una criada.

Texto 2:

Al día siguiente, el ventero se acercó a don Quijote con un libro de cuentas. Iba acompañado de un muchacho y de las dos mozas. El ventero pidió a don Quijote que se arrodillase. Mientras fingía decir una oración, dio dos golpes a don Quijote con la espada. Luego ordenó a una de las damas que le ciñese la espada, lo que hizo con mucha discreción sin reírse.

Texto 3:

No te preocupes. Dulcinea no sabe escribir ni leer. Nunca ha visto una carta mía porque nuestro amor ha sido siempre platónico —respondió don Quijote—. En doce años que la quiero no la he visto más de cuatro veces. Y es posible que ella no lo sepa, pues sus padres la han criado con mucho recato.

Palabras con sus sinónimos y antónimos:

Palabra	Sinónimos	Antónimos
hermosura	belleza	fealdad
caritativa	generosa	egoísta
ínsula	isla	
desventura	desgracia	suerte
alabar	elogiar	insultar
melancólico	triste	alegre
cobarde		valiente
desleal	traidor	leal
disparate	desvarío	acierto

Textos originales disponibles en versión electrónica:

En la *Biblioteca Virtual Miguel de Cervantes* se puede consultar la sección «Biblioteca de autor de Cervantes» en la que se pueden encontrar datos sobre el autor, ediciones electrónicas de sus obras, estudios críticos, diccionario, fonoteca y galería de imágenes.

http://www.cervantesvirtual.com/bib_autor/cervantes

También pueden consultarse las versiones digitales de las obras completas de Cervantes en la página web del *Proyecto Cervantes 2001*.

http://www.csdl.tamu.edu/cervantes/esp/textos/The%20Cervantes%20Project.htm

Más sobre Cervantes:

En la página web del *Centro de Estudios Cervantinos* se puede consultar el «Quijote Banco de Imágenes» con numerosas ilustraciones sobre la obra (más de nueve mil).

http://www.qbi2005.com

Adaptaciones cinematográficas:

Son numerosas las adaptaciones cinematográficas sobre el *Quijote*. Las más recientes son: la serie para TVE dirigida por Manuel Gutiérrez Aragón en 1990 (*El Quijote*) que recoge la primera parte de la obra; y la adaptación al cine de la segunda parte, también realizada por Gutiérrez Aragón (*El caballero don Quijote*) en 2002.

Cuadros destacados inspirados en la obra:

Han sido muchos los pintores que han utilizado el *Quijote* como motivo de sus cuadros: Gustavo Doré, Salvador Dalí, o Pablo Picasso.

Otras referencias:

El *Quijote* ha inspirado también el diseño de billetes, monedas, sellos, barajas de cartas y todo tipo de souvenirs.

Español	Inglés	Francés	Alemán	Italiano	Portugués
Agradable	pleasant	agréable	angenehm	piacevole	agradável
Alba	dawn	aube, l'	Morgendämme-rung, die	alba, l'	alvorada, a
Aldea	small village	village, le	Dorf, das	villaggio, il	aldeia, a
Alojarse	to stay	être hébergé	s. einquartieren	alloggiare	hospedar-se
Alumbrar	to enlighten, illuminate	éclairer	(be)leuchten	illuminare	iluminar
Arremeter	to charge	s'en prendre à	anstürmen	avventarsi	investir
Asombro	astonishment	étonnement, l'	Erstaunen, das	sorpresa, la	espanto, o
Atardecer	to get dark	crépuscule, le	Abenddämme-rung, die	imbrunire, l'	entardecer, o
Atrevido	daring	osé	kühn, waghalsig	audace	atrevido
Bastón	walking stick, cane	bâton, le	Stock, der	bastone, il	bastão, o
Biblioteca	library	bibliothèque, la	Bibliothek, die	biblioteca, la	biblioteca, a
Bota	boot	gourde, la	Stiefel, der	stivale, lo	bota, a
Bulto	lump	masse, la	Bündel, das	fagotto, il	vulto, o
Cabello	hair	cheveux, les	Haar, das	capelli, i	cabelo, o
Capilla	chapel	chapelle, la	Kapelle, die	cappella, la	capela, a
Casco	helmet	casque, le	Helm, der	casco, il	capacete, o
Cautivo	captive	captif	gefangen	prigioniero, il	cativo
Cédula	warrant	billet, le	Urkunde, die; Brief, der	certificato, il	carta, a
Celoso	jealous	jaloux	eifersüchtig	geloso, -a	invejoso
Ceñir	to surround, encircle	mettre	anschnallen	stringere	cingir
Ceremonia	ceremony	cérémonie, la	Feierlichkeit, die	cerimonia, la	cerimónia, a
Cesta	basket	panier, le	Korb, der	cesta, la	cesto, o
Colchón	mattress	matelas, le	Matratze, die	materasso, il	colchão, o
Condesa	countess	comtesse, la	Gräfin, die	contessa, la	condessa, a
Confundido	confused	confus	verwirrt	confuso, -a	confuso
Criatura	creature	créature, la	Geschöpf, das	creatura, la	criatura, a
Crueldad	cruelty	cruauté, la	Grausamkeit, die	crudeltà, la	crueldade, a
Desanimar	discourage	décourager	entmutigen	scoraggiare	desanimar
Desgraciado	nasty, horrible	malheureux	unglücklich	disgraziato, il	desgraçado
Desleal	disloyal	déloyal	treulos	sleale	desleal
Despojar	to remove something	dépouiller	rauben	spogliare	despojar

Español	Inglés	Francés	Alemán	Italiano	Portugués
Desventura	misfortune	mésaventure, la	Missgeschick, das	disavventura, la	desventura, a
Diablo	devil	diable, le	Teufel, der	diavolo, il	diabo, o
Dorado	golden	doré	golden	dorato, -a	dourado
Entristecer	to become sad	attrister	traurig machen	rattristare	entristecer
Envidia	envy	jalousie, la	Neid, der	invidia, l'	inveja, a
Erudición	learning	érudition, l'	Bildung, die	erudizione, l'	erudição, a
Escopeta	shotgun	fusil de chasse, le	Gewehr, das	doppietta, la	espingardas, as
Escudo	shield	bouclier, le	Schutzschild, das	scudo, lo	escudo, o
Espada	sword	épée, l'	Schwert, das	spada, la	espada, a
Espina	thorn	épine, l'	Dorn, der	spina, la	espinho, o
Estatua	statue	statue, la	Statue, die	statua, la	estátua, a
Estímulo	stimulus	stimulation, la	Anreiz, der	stimolo, lo	estímulo, o
Experto	expert	expert	Experte, der	esperto, l'	especialista, o
Fama	fame	renommée, la	Ruhm, der	fama, la	fama, a
Fantástico	fantastic, fantasy	fantastique	fantastisch	fantastico, -a	fantástico
Fiebres	fevers	fièvres, les	Fieber, das	febbri, le	febres, as
Forzado	forced	forcé	gezwungen	forzato, -a	forçado
Ganado	livestoke	bétail, le	Vieh, das	bestiame, il	ganho
Generosidad	generosity	générosité, la	Edelmut, der	generosità, la	generosidade, a
Harto	fed up	las	satt	stufo, -a	farto
Hermosura	beauty	beauté, la	Schönheit, die	bellezza, la	formosura, a
Ingenio	ingenuity	génie, le	Geist, der	ingenio, l'	engenho, o
Ingrediente	ingredient	ingrédient, l'	Zutat, die	ingrediente, l'	ingrediente, o
Injusticia	injustice	injustice, l'	Ungerechtigkeit, die	ingiustizia, l'	injustiça, a
Joya	jewel	bijou, le	Schmuck, der	gioiello, il	jóia, a
Lanza	spear	lance, la	Lanze, die	lancia, la	lança, a
Leyenda	legend	légende, la	Legende, die	leggenda, la	lenda, a
Liberado	free	libéré	befreit	liberato, -a	libertado
Luto	mourning, grief	deuil, le	Trauer, die	lutto, il	luto, o
Mágico	magic	magique	Zauber-	magico, -a	mágico
Maldecir	to curse	maudire	verfluchen	maledire	maldizer

Español	Inglés	Francés	Alemán	Italiano	Portugués
Maldito	damned	maudit	verdammt	maledetto, -a	maldito
Maleta	case	valise, la	Koffer, der	valigia, la	mala, a
Maravillado	amazed	étonné	verwundert	meravigliato, -a	maravilhado
Mérito	merit	mérite, le	Verdienst, das	merito, il	mérito, o
Miserable	miserable	misérable	Unglückliche(r), der	miserabile	miserável
Muela	millstone, molar	dent, la	Backenzahn, der	dente, il	dente molar, o
Mula	mule	mule, la	Maultier, das	mula, la	mula, a
Oficio	trade	métier, le	Beruf, der	mestiere, il	ofício, o
Ofrecimiento	offering	offre, l'	Angebot, das	offerta, l'	oferta, a
Olfato	sense of smell	odorat, l'	Geruch, der	olfatto, l'	olfacto, o
Oración	prayer	prière, la	Gebet, das	preghiera, la	oração, a
Oveja	sheep	brebis, la	Schaf, das	pecora, la	ovelha, o
Paciencia	patience	patience, la	Geduld, die	pazienza, la	paciência, a
Paliza	hiding, beating	raclée, la	Tracht Prügel, die	bastonata, la	tareia, a
Pañuelo	handkerchief	mouchoir, le	Tuch, das	fazzoletto, il	lenço, o
Patio	patio	cour, la	Hof, der	cortile, il	pátio, o
Patriarca	patriarch	patriarche, le	Patriarch, der	patriarca, il	patriarca, o
Pecador	sinner	pêcheur, le	Sünder, der	peccatore, il	pecador, o
Pedazo	piece	morceau, le	Stück, das	pezzo, il	pedaço, o
Perfección	perfection	perfection, la	Perfektion, Vollkommenheit, die	perfezione, la	perfeição, a
Perfecto	perfect	parfait	perfekt, vollkommen	perfetto, -a	perfeito
Perfume	perfume	parfum, le	Duft, der	profumo, il	perfume, o
Pesadilla	nightmare	cauchemar, le	Alptraum, der	incubo, l'	pesadelo, o
Pozo	well	puits, le	Brunnen, der	pozzo, il	poço, o
Princesa	princess	princesse, la	Prinzessin, die	principessa, la	princesa, a
Recompensa	reward	récompense, la	Belohnung, die	ricompensa, la	recompensa, a
Recurrir	to turn to somebody, appeal	faire appel à, avoir recours à	s. wenden an	ricorrere	recorrer
Reino	kingdom	royaume, le	Königreich, das	regno, il	reino, o
Replicar	to replicate	répliquer	erwidern	rispondere	replicar
Ronco	hoarse, husky	rauque	heiser	rauco, -a	rouco

Español	Inglés	Francés	Alemán	Italiano	Portugués
Sacerdote	priest	prêtre, le	Priester, der	sacerdote, il	sacerdote, o
Seda	silk	soie, la	Seide, die	seta, la	seda, a
Soberano	sovereign, supreme	souverain, le	erhaben	sovrano, il	soberano
Sudar	to sweat	transpirer	schwitzen	sudare	transpirar
Sudor	sweat	sueur, la	Schweiß, der	sudore, il	suor, o
Sueldo	salary	salaire, le	Lohn, der	stipendio, lo	salário, o
Testimonio	testimony	témoignage, le	Zeugnis, das	testimonianza, la	testemunho, o
Traductor	translator	traducteur, le	Übersetzer, der	traduttore, il	tradutor, o
Trigo	wheat	blé, le	Weizen, der	grano, il	trigo, o
Tropezar	to stumble, bump into	trébucher	stolpern	inciampare	tropeçar
Yegua	mare	jument, la	Stute, die	giumenta, la	égua, a